ECHTE MANNEN ETEN GEEN KAAS

De pers over *Echte mannen eten geen kaas*:

'Wie dit boek begint te lezen, kan het waarschijnlijk niet meer wegleggen.' – *Viva*

'(...) biedt wel een blik in een levenswijze die voor buitenstaanders anders buiten bereik was gebleven' – *Vrij Nederland*

'Erg knap' – *Sp!ts*

'De durf van Mosterd (...) is verbijsterend. Zoals *Echte mannen eten geen kaas* dat eigenlijk van de eerste tot de laatste bladzijde is.' – *nrc.next*

'Een verhaal dat je naar de keel grijpt en in één adem moet uitlezen.' – *Algemeen Dagblad*

'Een bijzonder en bizar verhaal, ontzettend dapper geschreven' – Robert Jensen

Lezers over *Echte mannen eten geen kaas*:

Een erg mooi en goed boek! Je kunt het in één dag uitlezen, zo goed is het geschreven! En zo echt... klasse! Ik ben zeer onder de indruk.

Een boeiend verhaal dat je aangrijpt en niet makkelijk loslaat. Een boek dat ook goed te lezen is voor aankomende brugklassers. Misschien een leuk kado voor alle jonge dames die naar de brugklas gaan.

Echt een topboek hoor! Trots dat je er toch een boek over kon schrijven, ik zat er echt helemaal in en wou maar dat het niet uitging,omdat het echt een aantrekkelijk boek is.

Dit boek blijft je boeien. Van begin tot het eind blijf je in het verhaal. De meedogenloze acties van de jongens in het verhaal zetten je aan het denken. Maria Mosterd weet de lezers te raken!

Een geweldig boek dat je de realiteit duidelijk laat zien. Er wordt op een goede manier weergeven dat loverboys niet altijd voldoen aan het standaardbeeld. Een boek dat nog maanden in je geheugen blijft staan!

Ik hou eigenlijk helemaal niet zo van boeken lezen,maar dit boek leest zo makkelijk weg, ik vond het een heel mooi boek!!! Zeker een aanrader !!!!!!!!

Gelezen? Ik wel! en ben ervan overtuigd dat als we dit soort heldere realistische verhalen bij elkaar kunnen krijgen, ook minder loverboys in beeld krijgen. Ik vindt het een boek dat alle vrouwen zoals ook de mannen het moeten lezen en er iets van leren.

Tijdens het lezen merk je echt dat het boek van NU is. Dat vond ik wel heel fijn. Het is een heel aangrijpend verhaal. Heel zielig. Je ogen gaan wel open, je ziet, ruikt, voelt, dat er vlakbij dingen gebeuren waar je helemaal geen weet van hebt. Voor meiden, jongens, moeders, vaders: een heel mooi en leerzaam boek.

Schokkend, tranen schoten mij te kort.

Lieve maria, ik vind het heel bijzonder dat je dit hebt geschreven, ik ben 14 en ik weet nu hoe ik een loverboy/pooier moet herkennen. Ik heb gister het hele boek uitgelezen in 1 keer achter elkaar, ook al had ik ontstoken ogen en het is echt een supermooi boek & ik raad iedereen aan om het te lezen! Veel sterkte.

Ik ben dyslectisch en het lezen gaat niet zo snel bij mij, maar heb jouw boek in 2 dagen uitgelezen.

Hey Maria, ik lees eigenlijk alleen als ik op vakantie ben, en dan ook meestal iets van Peter R. de Vries of zo. Daar doe ik dan een week over omdat ik liever in het zwembad lig. Totdat mijn vriendin jouw boek in m'n handen drukte... Ik kwam dus niet meer van m'n strandbed af en moest het gewoon uitlezen... Het was daar ca. 40 graden in de schaduw en ik had kippenvel...

Maria Mosterd

Echte mannen eten geen kaas

Vier jaar in handen van een loverboy

Van Gennep • Amsterdam

Behalve de naam van de auteur zijn alle namen die in dit boek voorkomen gefingeerd. Ook enkele plaatsnamen zijn gefingeerd.

Eerste druk februari 2008
Twintigste druk juni 2009

© 2008 Maria Mosterd / Uitgeverij Van Gennep
Nieuwezijds Voorburgwal 330, 1012 RW Amsterdam
info@vangennep-boeken.nl / 020-6247033
www.uitgeverijvangennep.nl
Ontwerp omslag Erik Prinsen
Binnenwerk Uitgeverij Van Gennep, Amsterdam
Drukwerk Giethoorn ten Brink, Meppel
ISBN 978 90 5515 904 8
NUR 402

Jeetje, waar moet ik beginnen? Ik zal mezelf eerst eens voorstellen. Ik ben Maria en ik ben bijna achttien jaar. Ik ben nu voor zes maanden in India om weer een normaal leven te krijgen, een dagritme en zo. Ik heb een moeder, Rosie en een zusje, Sharon. Mijn vader is ergens in Suriname, die zie ik, als ik geluk heb, één keer per jaar. Ik heb niks aan die man en ik wil er verder ook niks mee. Mijn moeder is Nederlands, ik ben dus een halfbloedje. Mijn moeder en zusje wonen in een rijtjeshuis aan de rand van de stad Stenenmuur. Mijn moeder is net verhuisd naar een andere buurt, omdat zij en mijn zusje niet meer in onze oude buurt konden wonen. Daar wonen namelijk jongens die ervoor hebben gezorgd dat ik geen normale jeugd heb gehad. De meeste mensen kennen ze als 'loverboys', voor mij zijn het pooiers, drugs-, wapen- en mensenhandelaars. Ik zal je mijn verhaal vertellen en geloof me, het gaat heel anders dan de meeste mensen denken…

Het begon allemaal toen ik twaalf was en naar de middelbare school ging. Mijn beste vriendin Nikki en ik fietsten samen voor het eerst naar school. We waren allebei hartstikke onzeker over zo ongeveer alles waar je onzeker over kan zijn als je net in de puberteit komt, en we waren zenuwachtig. We wilden heel stoer overkomen tegenover iedereen en deden dus alsof niks ons kon schelen. We reden de parkeerplaats op, zo kwam je bij het plein waar de fietsen stonden. Het was een groot gebouw, die school. Achter de parkeerplaats langs liep een fietspad dat naar weilanden achter de school leidde, daar fietsten 's zomers altijd veel oudere mensen. Het was nog best warm, de zon scheen en het rook naar pasgemaaid gras. We hoorden van een afstandje muziek en zagen een paar auto's staan met allemaal jongens eromheen. 'Kijk dan, als je met hen omgaat hoor je er echt bij,' zei Nikki. Toen ze dat zei moest ik eigenlijk best wel lachen. Nikki was een meisje dat nog helemaal geen volwassen figuur had, geen borsten en nog niet ongesteld, terwijl ik al zo ongeveer volgroeid was. Ik keek naar die jongens en een van hen keek mij aan en zei 'hoi'. Ik werd rood en fietste snel door.

Op school kregen we te horen in welke klas we kwamen. Godzijdank kwamen Nikki en ik bij elkaar in de klas. Verder hadden we die dag niet veel te doen, het was een kennismakingsweek, dus we hadden nog veel vrij. Na ongeveer een uur stonden we weer buiten. We hadden nog geen zin om naar huis te gaan, dus besloten we de stad te gaan verkennen. Onderweg kwamen we weer langs het parkeerterrein.

'Ze staan er nog steeds, Mari,' zei Nikki en wees naar de jongens die muziek stonden te luisteren bij hun auto's. Alle jongens hadden veel sieraden om en ze zagen er best wel eng uit, maar dat maakte ze juist zo interessant. Een meisje achter me had het erover dat ze een van die jongens wel leuk vond. Ik keek weer naar de jongens en dezelfde jongen die die morgen iets tegen me had gezegd, stapte naar voren.

'Je moet wat zeggen, moet je opletten hoe die bitches achter ons reageren als hij wel met jou praat maar niet met hen,' zei Nikki en keek naar de meisjes die achter ons stonden. We fietsten langs en hij zei weer 'hoi'. Nu zei ik wel wat terug, maar fietste meteen door. Ik hoorde de jongens achter me lachen en dat gaf me echt een rotgevoel. Nikki was trots op me dat ik toch iets had gezegd.

We gingen naar de stad en we hadden een soort spelletje ontwikkeld. We schreven van tevoren briefjes met ons nummer erop, die gaven we dan aan jongens die we wel leuk vonden en dan wachtten we tot ze belden. Of we gingen jongens achtervolgen en dan kijken hoe ver we konden gaan. Eigenlijk best wel stom als je er zo over nadenkt, maar wij vonden dat echt leuk om te doen. Dus die dag deden we dat ook. We hadden al wat briefjes klaar en we liepen door de hoofdstraat. Er kwamen genoeg jongens langs en wij gaven een paar jongens ons nummer. Ze belden niet lang daarna en wilden ergens in de stad afspreken. Wij spraken af, maar kwamen niet opdagen, we stonden ergens achter een muur te kijken wat ze deden. Zoals de meesten probeerden ze ons te bellen en gingen ze uiteindelijk weg. Wij hadden de grootste lol.

Toen ik thuiskwam, was het eigenlijk net als altijd. Mijn moeder was aan het koken en mijn zusje zat op msn. Ik ging meestal tv kijken tot we gingen eten.

'En, hoe was je eerste dag op school?' vroeg mijn moeder.

'Ja, ging wel, niet veel bijzonders, volgende week beginnen de lessen pas,' zei ik en deed de tv aan.

'Brugsmurf,' zei mijn zusje opeens.

'Hou je bek,' zei ik boos tegen haar. Mijn moeder voelde alweer een ruzie aankomen en zei dat we gingen eten.

Aan tafel was het ook zoals altijd, we hadden allemaal een vaste plek en we hadden het eigenlijk nooit ergens over. Ik vond het maar saai thuis, elke dag hetzelfde, nooit iets spectaculairs. Mijn moeder zat elke avond voor de tv niks te doen en mijn zusje was meestal boven of zat achter de computer. 's Avonds verveelde ik me altijd dood. Ik kon niet naar Nikki, want die woonde net te ver weg, aan de andere kant van Stenenmuur, en in de buurt woonden er verder ook niet echt leuke meisjes. En dat binnen zitten was ik ook zat. Ons huis was heel vol, mijn moeder spaarde beeldjes van sprookjesfiguren, dus overal waar je keek stonden elfjes, trollen, heksen, noem maar op. Mijn moeder hield heel erg van kitsch, we hadden een heel lelijke plastic kroonluchter in het midden van de kamer, hij was zo lelijk dat ie mooi werd. Verder was ons huis donkerrood en oranjeachtig en de keuken was geel met blauw. De muren hingen vol met foto's en andere dingetjes. Het was wel een heel gezellig huis om te zien, maar om er te zijn... het was zo vol dat ik er soms helemaal benauwd van werd.

Die avond in bed lag ik te fantaseren over hoe het zou zijn om een van die jongens van de parkeerplaats als vriend te hebben. Het werd vast een stuk minder saai als ik bij hen zou zijn. Maar ik zou toch nooit de aandacht van zo'n jongen kunnen trekken, al had die ene wel iets tegen me gezegd, alleen tegen mij, niet tegen die stomme dozen die achter me stonden. Maar ja, ze lachten me ook gewoon uit. Best verwarrend, toen al, en ik had nog niet eens met ze gepraat.

Wat een gedoe, als ik daar zo achteraf op terugkijk... haha. Het is eigenlijk niet echt grappig, want ongeveer na die nacht ging het mis. Ik was het toen echt zat om elke dag maar hetzelfde te doen en ik wou wat meer variatie in mijn leven. Ik had heel vaak ruzie met mijn zusje en tussen mijn moeder en mij ging het ook niet altijd goed. Volgens haar kwam dat omdat ik in de puberteit kwam. Ik had nog maar één keer met een jongen gezoend, nog niet eens echt zoenen, met je tong en zo. Ik was zo onervaren als de pest toen en iedereen kon me alles wijsmaken, ik nam het zo van ze aan. Maar ik was ook heel erg bezig om 'zelfstandig' te worden, los van mijn moeder. Ik dacht dat ik al volwassen was, want ik ging wel naar de middelbare school en dat was voor mij al genoeg om volwassen te zijn. Maar goed, om weer even terug te komen op het verhaal, die nacht dat ik aan het nadenken was over die jongens, besloot ik om te proberen hun aandacht te trekken.

De volgende dag fietste ik weer met Nikki naar school en we moesten weer over de parkeerplaats. Van ver hoorde ik de muziek al. Mijn hart begon harder te kloppen en ik keek Nikki aan.

'Wacht even,' zei ze en ze stopte aan de kant van de weg.

'Mari, ik zie heus wel dat je iets van plan bent,' zei ze met een big smile op haar gezicht. Ik keek haar aan en zei dat ik het zat was om elke avond maar bij mijn moeder op de bank te zitten. Ze begon te lachen en zei dat ze met me meedeed. In plaats van onze fietsen op ons plein te zetten, zetten we ze bij de bovenbouw op het plein zodat we konden lopen. We hadden twee grote gebouwen op ons terrein staan: één voor de bovenbouw, dat stond aan de kant van de weg, en dan had je nog ons gebouw dat aan de kant van de weilanden stond.

Nadat we de fietsen hadden weggezet, liepen we zo 'sexy' mogelijk over de parkeerplaats. En het werkte, de jongen die de dag ervoor ook wat tegen me zei, kwam naar me toe lopen. Ik voelde dat ik rood werd. Hij kwam voor me staan en zei de eerste paar seconden niks. Voor mijn gevoel duurden die seconden minuten.

'Je hoeft niet bang voor me te zijn hoor, ik doe je niks,' zei de jongen en bleef me aankijken. Ik keek naar hem, hij was een donkere, brede jongen, best wel dik zeg maar, hij had een babyblauw badstoffen pak aan en een grote zilveren ketting om zijn nek, met een hanger van wat leek op diamant. In zijn oor had hij aan allebei de kanten een diamanten knop en aan zijn rechterhand had hij twee ringen met een steen erin. Zijn ogen waren zo bruin dat ze bijna zwart waren en het leek net alsof ie dwars door me heen keek, alsof hij zag dat ik heel erg zenuwachtig was. Hij zag eruit alsof hij echt veel geld had. Hij had een ringbaardje en een strakgeschoren lijn haar liep van zijn oren naar zijn kin en sloot aan op zijn ringbaardje, als je snapt wat ik bedoel. Hij stak zijn hand uit om zich voor te stellen.

'Ik ben Manou, en jij?" vroeg hij aan mij. Hij had echt een negeraccent.

'Ik ben Maria,' zei ik en keek naar Nikki.

'En zij heet Nikki,' zei hij.

'Hoe weet jij dat nou?' vroeg Nikki zo stoer mogelijk. Hij keek haar aan en begon te lachen.

'Ik weet alles,' was zijn antwoord en meteen veranderde zijn stem. Hij wees naar de ketting die om Nikki's nek hing. Daar stond haar naam op.

Nikki keek hem aan en zei toen tegen mij dat we moesten gaan, anders kwamen we te laat.

Manou keek mij weer aan en zei dat hij me nog wel zou zien. De jongens die achter hem tegen de auto's aan leunden, zeiden iets in een taal die ik niet kon verstaan, het leek op Spaans, het was Papiamento. Ik liep met Nikki mee naar school en keek nog een keer achterom. Ik zag dat Manou al met een ander meisje stond te praten.

'Kijk dan,' zei ik tegen Nikki. Ze zag Manou staan en zei verder niks.

Die dag gingen we met school naar de stad voor een of andere rondleiding. Nikki en ik hadden daar natuurlijk geen zin in, dus we hadden bedacht om te gaan spijbelen. Wij fietsten helemaal achter aan de groep naar de stad. Bij een rotonde ging iedereen rechtdoor behalve wij, wij gingen rechts een straat in die we nog niet kenden. De straat zag er best gezellig uit, allemaal Turkse winkels en overal liepen donkere mensen, dat was sowieso al interessanter dan Nederlandse mensen, vonden wij toen. Het rook er naar groente en lekker buitenlands eten. Ik dacht de hele tijd aan Manou, hij leek zo aardig, maar had ook meteen met een ander meisje gepraat. Ik wist niet echt wat ik van hem moest denken. We hingen die dag verder alleen maar een beetje rond in de stad. En rond vier uur gingen we allebei naar huis.

De dagen daarna heb ik Manou niet meer gezien. Ik ging gewoon naar school en als Nikki en ik een kans zagen om weg te komen deden we dat. De docenten kenden ons toch nog niet, dus we konden makkelijk wegblijven. En er waren zo veel eersteklassers dat het niet opviel als er een paar ontbraken. We gingen bijna elke dag naar de stad, jongens achtervolgen, briefjes uitdelen en de buurten van Stenenmuur verkennen. Stenenmuur-Oost en de Vogelzang vonden we het leukste, daar liepen alleen maar donkere jongens rond met mooie auto's waar harde muziek uitkwam.

Die vrijdag had ik mijn eerste ruzie met de grootste bitch van school, Shamilla. Wij liepen over de parkeerplaats waar Manou weer stond. Hij kwam naar me toe, groette me en lachte naar me.

'Gaan jullie vandaag naar school?' vroeg hij.

'Ehm ja, wat moeten we anders doen?' vroeg Nikki.

'Met ons chillen,' zei Manou. Voor ik iets kon zeggen, hoorde ik iemand mijn naam roepen.

'Denk maar niet dat je stoer bent, omdat je met hun staat te praten,' zei Shamilla. Ik keek haar aan en draaide me weer om. Ze kwam naar me toe en stootte me aan.

'Beter ga je haar niet aanraken,' zei Nikki en kwam naast me staan.

'Wat wou je doen?' zei Shamilla. Ze gaf me nog een duw en ik werd boos op haar. Ik dacht alleen maar: ik mag niet afgaan voor Manou, ik moet dit winnen van haar. Dus ik begon haar te slaan, zo hard ik kon. Shamilla sloeg terug natuurlijk, en voor ik het wist zaten we midden in een bitchfight. Ik schaamde me dood, maar ik had uiteindelijk wel gewonnen. 'Zo, jij houdt wel van vechten, of niet?' zei Manou. Ik keek hem aan.

'Kom, we gaan chillen,' zei ik en keek Shamilla aan. Ze was inmiddels weer opgestaan.

'Ik mag tenminste met hem mee,' zei ik nog tegen haar en ik stapte bij Manou in de auto.

Die dag begon het echt mis te gaan. Nikki en ik zaten bij Manou in de auto. Nikki zat achterin en ik voorin. Manou vroeg of we Nikki op school af konden zetten. Ik zei niks en keek naar Nikki. Zij vond het goed, dan konden wij elkaar beter leren kennen, zei ze. Wij reden naar school en zetten haar daar af. Manou keek me aan en gaf me een knipoog, maar in haar ogen zag ik dat ze het niet leuk vond dat zij niet mee mocht. We wachtten tot Nikki binnen was en toen reed Manou weg. We reden naar Stenenmuur-Oost, de grootste achterbuurt van Stenenmuur.

'Ik denk dat het wel wat met jou gaat worden,' zei Manou. 'Je hebt de goeie maten, je ziet er verzorgd uit, daar houden ze van.'

Ik wist niet wat hij daarmee bedoelde. We stopten voor een flat ergens achter in Stenenmuur-Oost.

'Ik praat, jij houdt je mond,' zei Manou en de toon in zijn stem veranderde.

'Waar zijn we dan?' vroeg ik. Ik keek om me heen maar kon niks herkennen van de keren dat ik met Nikki door deze buurt was gereden. Het was een straat met alleen maar flats, het deed me denken aan de buurten in Amerika die je ook altijd in van die gangsterfilms ziet.

'Ik ga je even voorstellen aan iemand die je nog heel vaak tegen gaat komen,' zei Manou. We liepen de flat in en gingen met de lift naar de derde etage. Daar liepen we door een lange gang helemaal naar achteren. Manou belde aan bij een deur en er werd opengedaan door een Antilliaanse jongen met dreads en vier gouden voortanden. Hij was best dun en zijn ogen waren helemaal rood en zaten halfdicht. Hij stonk ook naar een geur die ik al weleens eerder had geroken, maar ik wist nog niet wat het was.

'Ey swa,' zei de jongen en hij deed de deur verder open zodat we naar binnen konden. Manou ging voor en hield mij bij mijn hand vast. We gingen in de woonkamer zitten, ik naast Manou en de jongen tegenover ons. Het was best een ruime kamer, waarschijnlijk kwam dat omdat er niet veel in stond, een bank, een paar stoelen, een tv en een stereotoren. De woonkamer liep over in de keuken, daar stond alleen een aanrecht, een koelkast en een fornuis. Er was ook een balkon, bij de woonkamer. Het huis was babyblauw geverfd en het rook naar eten en die rare geur, achteraf bleek het wiet te zijn. Ze begonnen in het Papiamento tegen elkaar te praten. Ze moesten lachen en keken steeds naar mij. Ik voelde me niet op mijn gemak, maar liet het niet merken.

Manou haalde een zakje groen spul uit zijn jaszak. Hij deed het in een heel lang dun papiertje en draaide er een soort pijltje van. Wist ik veel dat dat drugs waren. Ik was nog maar twaalf en niet echt op de hoogte van drugs en zo. Manou stak de joint op en gaf hem aan mij. Ik keek ernaar en had geen idee wat ik moest doen, of ik het nou moest roken of niet. Ik nam uiteindelijk maar een hijs, en begon heel erg te hoesten. Manou en de jongen begonnen te lachen. 'Nog nooit gerookt, hè?' zei Manou. Ik wou eigenlijk zeggen dat ik weg wou, maar dat durfde ik niet, ze keken nog een tijdje naar me, ik wist niet meer hoe ik moest zitten, ze keken naar me en soms moesten ze lachen en zeiden ze wat in het Papiamento. Na een uur zei Manou eindelijk dat we konden gaan. Toen we naar de auto liepen, pakte Manou me ineens bij mijn arm.

'Je hebt me voor schut gezet, dat doe je niet nog een keer,' zei hij en keek heel boos naar me. Ik wist niet wat ik moest doen, of wat ik verkeerd had gedaan. Later bleek dat het ging om dat ik nog nooit gerookt had en had moeten hoesten. Hij liet me los en we stapten in. In de auto deed ie heel lief tegen me, hij had het erover dat hij zo blij was dat ik met hem wou praten, omdat hij al een stuk ouder was dan ik. Hij vond me zo mooi en lief en hij hoopte dat we heel goeie vrienden werden. Gelukkig zei hij 'vrienden', niet 'vriendje en vriendinnetje'.

Toen we bij mijn school waren, vroeg Manou nog mijn nummer, zodat ie me kon bellen. Ik gaf hem dat en ging daarna snel naar binnen, naar Nikki, om te vertellen wat er was gebeurd, wat ik uiteindelijk toch maar niet deed, omdat ik bang was dat ze zich zorgen zou gaan maken.

Dat weekend bleef Nikki bij me slapen. We hadden een echt meidenweekend, met veel make-up- en haargedoe. Mijn moeder was het hele weekend met zichzelf bezig, ze ging naar de stad en de rest van de dag hadden we ook niet echt last van haar. Mijn zusje was bij een vriendin, dus we hadden lekker alles voor onszelf. Overdag gingen we naar de stad, jongens achtervolgen en kijken of Manou er was, maar die was er natuurlijk niet. 's Avonds hingen we voor de tv en aten we de hele kast leeg, wat normaal niet zou mogen. 's Nachts lagen we te fantaseren hoe het zou zijn als Nikki iets met een van Manou zijn vrienden zou krijgen en ik bij Manou bleef, Nikki zag het wel zitten, niet meer naar school, alleen maar een beetje in de stad hangen en geld opmaken dat die jongens verdienden met 'werken'. Manou heeft me dat hele weekend niet gebeld.

Toen ik die maandag naar school fietste, stond Manou zoals gewoonlijk weer op de parkeerplaats. Hij zag mij aan komen fietsen en liep me al een stukje tegemoet. Hij had weer een badstoffen pak aan. En heel veel sieraden om. Ik stopte voor hem en hij lachte naar mij.

'Ga je met me mee?' vroeg hij. Ik keek naar Nikki.

'Ga maar, ik red me wel hoor,' zei ze en reed door. Ze leek beledigd, maar ik wist dat niet zeker. Ik zette mijn fiets weg en liep naar Manou toe.

'Waar gaan we dan heen?' vroeg ik.

'Ik ga ervoor zorgen dat je krijgt wat je wilt,' zei Manou. Hij hield de deur van de auto voor me open. Ik stapte in en we reden weg. Nu reden we naar Zandstad, een stadje net naast Stenenmuur. We reden naar een studentenflat waarvan hij zei dat hij er woonde. Toen we zijn kamer in kwamen, kwam er een hele grote hond op me af.

'Mordechai, af!' zei Manou. Hij stuurde de hond naar zijn mand en deed zelf zijn jas uit. Zijn kamer was echt klein vergeleken bij de kamer van die andere jongen. Hij had twee hele zachte grijze banken, verder stond het bed in de woonkamer en de keuken was daar ook. Hij had een groot bed, dat moest ook wel met zijn enorme lichaam. Verder had hij een hele grote tv en een stereotoren. Hij had in de hoek nog een klein bureautje staan waar zijn computer op stond. En de hondenmand stond in de andere hoek. De douche en wc zaten direct naast de deur in een aparte ruimte.

'Ga maar zitten hoor,' zei hij. Hij deed een muziekje aan en kwam met een joint in zijn hand naast me zitten. Ik keek naar de grond, ik wist niet wat ik bij hem deed en ik vroeg me af Nikki echt boos op me was.

'Je bent nog maagd, of niet?' vroeg Manou. Ik keek hem aan en knikte. Hij begon te glimlachen en stak zijn joint op. 'En je hebt nog nooit gerookt. Ik ga je alles leren wat je moet weten,' zei hij en nam een hijs van z'n joint.

'Wat moet ik leren dan?' vroeg ik en keek hem aan.

'Je moet eigenlijk alles nog leren, hoe je met jongens omgaat, met mij, hoe je moet roken, en je moet nog ontmaagd worden,' zei hij en nam nog een hijs. 'Alle meisjes van jouw leeftijd moeten dat leren, dat is normaal.'

'Nikki is ook nog maagd en zij heeft ook nog nooit gerookt.'

'Ja, maar Nikki is niet hetzelfde soort meisje als jij. Jij wil meer dan zij, zij is braaf en wil naar school, jij niet, jij wil meer spanning in je leven en niet meer elke avond bij je moeder op de bank zitten, heb ik gelijk of niet?' vroeg hij.

'Ja, wel een beetje,' zei ik, en vroeg me af hoe hij dat wist. 'Maar ik wist niet dat ik dat allemaal moest doen.'

'Maak je niet druk, ik ga je alles leren wat je moet weten,' zei

Manou en gaf mij de joint. 'Je neemt een klein hijsje en ademt voorzichtig in.' Ik deed wat hij zei en de eerste paar keer dat ik een hijs nam, moest ik nog hoesten, maar na een aantal hijsen werd het steeds beter. Ik voelde me draaierig worden. Ik keek Manou aan en vroeg of ik me zo hoorde te voelen.

'Ja lieverd, dat hoort er allemaal bij,' zei Manou en sloeg zijn arm om me heen.

'Ik voel me niet zo goed,' zei ik en ging liggen met mijn hoofd op Manous schoot. 'Je mag straks slapen, eerst gaan we nog wat anders doen,' zei Manou en ging staan. Hij tilde me op en liep naar zijn bed, daar legde hij me neer.

'Ik wil nu niks meer doen Manou, ik wil alleen slapen,' zei ik. Maar daar luisterde hij niet naar en hij begon mijn schoenen los te maken.

'Dat doet toch pijn?' vroeg ik toen ik doorkreeg dat ik ontmaagd ging worden.

'Nee lieverd, daarom heb ik je die joint gegeven, het doet maar heel even pijn, maar dat gaat zo weer over,' zei Manou en hij deed de gordijnen dicht. Ik keek naar hem en bedacht me dat hij straks boven op me zou liggen. Ik zag het al voor me, al dat vet, ik zou worden geplet.

Hij deed zijn schoenen en zijn broek uit. Hij had een zwarte boxer aan, met een gele smiley erop. Hij deed ook mijn broek uit en haalde een condoom uit het nachtkastje naast zijn bed. 'Kom dushi, het duurt maar even,' zei Manou en deed zijn condoom om. Dat was de eerste keer dat ik een piemel in het echt van zo dichtbij zag. Hij leek zo groot, dat zou nooit passen. Hij kwam dichterbij en drukte zijn piemel bij mij naar binnen. Ik voelde het steken en het deed pijn, maar ik voelde me zo moe en duizelig dat ik niets kon zeggen. Wat er daarna gebeurde weet ik niet. Ik viel in slaap, denk ik.

Toen ik die avond thuiskwam, kreeg ik heel erge ruzie met mijn moeder. Ze vond dat ik die week was veranderd. Ik zei dat ik net zo deed als eerst, maar dat ik volwassener werd en meer verantwoordelijkheid wilde. Daar was ze het natuurlijk niet mee eens. Mijn zusje was het met mijn moeder eens, dus ik kreeg ook nog eens ruzie met haar.

'Maria, ga naar je kamer, ik wil je vanavond niet meer zien,' zei mijn moeder.

'Je hoort mama toch?' zei mijn zusje.

'Sharon, hou je bek! Stomme trut, waar bemoei jij je mee? Dit is tussen mij en mama!' riep ik kwaad.

'Zo praat je niet tegen je zusje!' riep mijn moeder.

'Jij moet helemaal je mond houden, jij snapt nooit ergens wat van, dus beter ga je je niet meer met mij bemoeien,' zei ik boos tegen mijn moeder.

'Hoe durf je zo tegen me te praten? Ik wil dat je nu naar je kamer gaat en dat je gaat nadenken over wat je net tegen ons zei. En hoe komen je ogen zo rood?' vroeg ze er nog achteraan.

'Ik ben gewoon moe, en ik hoef nergens over na te denken, ik heb wel wat beters te doen,' zei ik en ging in de deuropening staan.

'Je mag beneden komen als je je excuses aanbiedt aan Sharon en mij,' zei mijn moeder.

'Wat excuses, praat niet tegen me alsof ik een klein kind ben, ik ben al twaalf hoor en binnenkort ben ik dertien!'

'Ga naar boven, Maria, je hebt me gehoord.'

Ik sloeg de deur zo hard ik kon achter me dicht en bonkte de trap op. Mijn slaapkamerdeur deed ik op slot, zodat mijn moeder niet naar binnen kon. Ik ging op bed liggen en dacht aan wat er die dag gebeurd was. Ook al kon ik het me niet helemaal meer herinneren, ik wist nog wel dat het niet leuk was. Ik voelde me nog steeds een beetje raar, maar niet meer zo erg als eerst. En ik had honger, niet normaal gewoon, maar ik kon niet naar beneden, dus ging ik door het raam via het afdakje bij de voordeur naar buiten. Ik liep naar de snackbar op de hoek.

Toen ik daar zat, werd ik gebeld.

'Hey dushi, waar ben je?' hoorde ik een bekende stem zeggen.

'Ehm, in de snackbar,' zei ik en keek naar buiten. Ik zag een donkere auto aan de overkant van de straat staan.

'Je ziet me al staan, of niet?' klonk de stem.

'Ja ik denk 't wel,' zei ik en nam een hap van mijn kroket. Manou stapte uit de auto. Waarom staat hij hier, hij woont niet eens in de buurt, dacht ik. En hij weet niet eens waar ik woon. Manou kwam binnen en kwam bij me zitten.

'Honger?' vroeg hij en begon te lachen. 'Ik ken het gevoel,' zei hij en bestelde een broodje frikandel. 'Voel je je al wat beter?'

'Ja, het gaat wel,' zei ik. En nam nog een hap. Ik had zo'n honger opeens.

'Weet je moeder dat je hier bent?' vroeg Manou.

'Nee, dat hoeft ze ook niet te weten,' zei ik. Ik werd al boos als ik aan haar dacht. 'Oké, luister, ik wil even wat duidelijk maken: ik heb met je gebald, maar je bent niet mijn vriendin, dat weet je. Ik heb je gezegd dat ik je zal geven wat je wil, en daarvoor moest je eerst ontmaagd zijn. Jij wil meer spanning in je leven dus ik heb besloten dat je vanaf nu bij mij bent, zo vaak als je kan. Ik ga je een wereld laten zien waarin je je nooit verveelt. Een wereld waarin je veel mag blowen zodat je je fijn voelt, je mag dansen en flirten met de jongen die ik je aanwijs, je krijgt kleren en je haar wordt gedaan, je wordt rondgereden in de mooiste auto's en je hebt geen school,' zei Manou. 'Wat wil je nog meer?'

Ik wist niet goed wat ik ervan moest denken. Het klonk wel aantrekkelijk wat hij beschreef, maar ik wist dat het niet zo'n goed idee was. Blowen zo veel ik wilde? Alsjeblieft niet zeg, ik was nog misselijk van die ene joint van die middag.

'Wat is er, wil je niet? Is ook goed, dan blijf je maar elke avond bij je mama op de bank, elke dag naar school, lekker de hele dag in zo'n muf klaslokaal zitten, maar dan ga ik nu weg, ik heb nog wel wat beters te doen,' zei Manou en stond op. 'Laat me snel weten waar je voor kiest, je hebt mijn nummer, geloof me, je gaat geen spijt krijgen als je bij mij komt,' zei Manou. Hij liep de snackbar uit.

'Hij heeft wel gelijk, als je goed genoeg bent en je komt hoger in rang heb je echt alles wat je wilt, geld, drugs en zo veel seks als je zelf wilt,' zei de jongen die achter de toonbank stond.

'Wie ben jij?" vroeg ik en keek hem verbaasd aan.

'Je komt mij nog wel tegen als je ja zegt tegen Manou, ik werk voor hem. Bel hem op en zeg dat je het doet,' zei de jongen en ging toen naar de volgende klant.

De volgende dag fietste ik naar school en zag ik Nikki al staan wachten.

'Wat heb je gisteren gedaan? Je ziet er niet uit!' zei Nikki.

'Dank je,' zei ik en pakte mijn telefoon. Ik belde Manou.

'Hallo?' hoorde ik zijn stem aan de andere kant.

'Ehm, met Maria, Manou, ik denk dat ik bij jou wil zijn,' zei ik en keek naar Nikki die me met een heel verbaasd hoofd aankeek. 'Ik kom in de pauze naar de parkeerplaats, ik zie je dan wel,' zei Manou en hing op voor ik nog wat kon zeggen.

'Hoe bedoel je, je denkt dat je bij hem wilt zijn?' vroeg Nikki en keek me aan.

'Gewoon, ik heb gister met hem gepraat en ik weet niet, het klinkt wel leuk, dat leven van hem. Veel geld, drugs, kleren en ik krijg een kapper en ik hoef niet meer naar school. Het mooiste is dat ik er niks voor hoef te doen, alleen maar een beetje bij hem zijn en mijn mond houden,' zei ik en keek met een lach naar Nikki die heel wat minder vrolijk keek.

'Dan zie ik je dus niet veel meer,' zei ze en stapte op haar fiets.

'Tuurlijk wel, ik ga niet dood hoor, en je bent mijn beste vriendin, ik zal je heus niet in de steek laten, maak je maar geen zorgen,' zei ik.

'Als je nog een leuke jongen voor me ziet, neem me dan mee naar hem toe, alsjeblieft?' zei Nikki en aaide over mijn hoofd. 'Wanneer zie je Manou weer?' vroeg ze.

'In de pauze,' zei ik.

'Waarom rijdt hij dan achter ons?' vroeg Nikki en ze stopte langs de kant van de weg. Ik keek achter me. Manou zat in de auto naar me te lachen. Hij stopte en stapte uit.

'Wat doe jij nou weer hier?' vroeg ik.

'Hm,' was het enige wat hij zei.

Nikki wierp hem een afkeurende blik toe. Ik keek Nikki aan en gaf haar een duw.

'Ga je mee?' vroeg Manou kortaf. Hij draaide zich om en ging in zijn auto zitten.

'Ik weet niet wat ik van hem moet denken hoor,' zei Nikki en keek naar Manou die de muziek in zijn auto op de juiste stand zette. 'Hij ziet er niet echt betrouwbaar uit of zo,' zei ze nog.

'Sorry Nik, maar ik moet echt met hem mee.'

'Maar je kent hem niet eens,' zei ze bezorgd.

'Nee, en als ik niet met hem mee ga, leer ik hem nooit kennen,' zei ik. Ik zette mijn fiets op slot tegen een flat.

'Mari, beter ga je gewoon mee naar school,' probeerde Nikki nog.

'Morgen is er nog een dag voor school,' zei ik en stapte in.

Manou reed Nikki voorbij. 'Je hebt een goeie keus gemaakt, Maria, je gaat er geen spijt van krijgen,' zei hij en zette de muziek zo hard dat we niet meer konden praten.

We reden weer naar Stenenmuur-Oost, naar een andere flat dan de vorige keer. We liepen naar binnen en Manou zei tegen me dat ik nu voor het eerst iets moet doen waardoor ik er echt bij hoorde.

'We gaan doekoes maken, maar geen zorgen, we gaan eerst blowen, dat is beter voor je,' zei hij toen we de lift instapten. Die stonk naar plas en het leek alsof hij elk moment uit elkaar kon vallen. Ik snapte niet echt wat hij bedoelde met doekoes maken, maar ik zou 't allemaal wel zien als ik daar was. We liepen door een gang en Manou klopte op een raam.

'Maria, eindelijk, we zaten al op jullie te wachten,' zei de jongen die de deur opendeed. 'Dit is je eerste keer, heb ik van Manou begrepen, dus je krijgt er maar twee om mee te beginnen.' Het was een lichtgetinte jongen met een tattoo van een draak in zijn nek. Hij had een veel te groot T-shirt aan en een broek waarvan het kruis bijna op zijn knieën hing. Hij was best klein. 'Ik ben Tapia, maar zeg maar Juanez, dat is makkelijker,' zei hij.

Ik liep naar binnen, naar de woonkamer, dit huis had een Aziatische inrichting en het rook er naar Chinees eten en wiet. Manou ging op de bank zitten en trok mij op zijn schoot. In de woonkamer zaten nog twee jongens. De ene had ik al gezien toen ik met Manou naar een andere flat ging. Het was die jongen met de vier gouden voortanden.

'Dit is Django, die ken je al, en dit is Diablo,' zei Juanez. Diablo gaf me een knipoog, hij had korte krulletjes en natuurlijk een gouden tand, zijn ogen waren heel fel en hijzelf was best donker, daardoor werd hij alleen maar enger. Juanez liep naar zijn stereotoren, zette reggae op en ze begonnen allemaal een joint te draaien. Ik vroeg aan Manou wat er ging gebeuren.

'Je gaat met ze ballen, schat,' zei Manou. Ik keek hem aan en kon bijna niet geloven wat hij zei.

'Ben je gek of zo, ik ken ze niet eens,' zei ik en bekeek de jongens een voor een. Ze moesten lachen.

'Ik dacht dat je al had gezegd wat ze hier komt doen,' zei Django en stak zijn joint aan.

'Ik heb haar gezegd dat we gaan doekoes maken, dus dat lijkt me wel duidelijk, of niet?' zei Manou.

'Ik ga helemaal niet met hun ballen,' zei ik en keek Manou aan.

'Kom eens mee,' zei Manou op een rustige toon en stond op. We liepen naar de keuken en Manou pakte me vast bij mijn armen.

'Je doet wat ik zeg, je gaat met twee van die jongens naar boven en je hebt seks met ze, je krijgt een joint, dan merk je er niet veel van en als je klaar bent, kunnen we wat leuks gaan doen, want dan hebben we geld.' Hij keek me boos aan en begon steeds harder te knijpen. Ik keek hem bang aan. Ik trilde.'

'Je doet me pijn,' zei ik en probeerde me los te rukken.

'Ik kan je nog veel meer pijn doen als je niet doet wat ik zeg,' zei Manou. Hij hield me nog steeds heel hard vast.

'Laat me los, ga zelf maar met ze naar bed, ik wil weg, laat me los!'

'Wat zei je?' vroeg Manou dreigend. Voor ik nog wat kon zeggen gaf hij me een stomp in mijn buik. Ik kreeg even geen lucht meer en zakte op de grond. Hij liet me los en ging op een keukenstoel zitten kijken hoe ik weer probeerde op te staan. Blijkbaar vond hij dat heel leuk, want hij begon te lachen.

'Stel je niet aan, je hebt zelf gezegd dat je dit wil,' zei Manou.

'Ja, geld en kleren, chillen en zo, maar niet voor hoer spelen,' zei ik en leunde tegen de muur.

'Hoe denk je anders dat we aan geld komen, met werken in een kledingwinkel?' vroeg hij spottend. 'Of achter de kassa in de Albert Heijn... haha.' Ik zei niks. Ik had nooit gedacht dat hij zo zou zijn.

'Ik doe het wel, maar daarna ga ik naar huis en ga ik gewoon naar school, dan zoek je maar een ander die voor je wil werken,' zei ik en liep naar de woonkamer.

Manou kwam achter me aan en zei tegen de jongens dat er twee met mij mee naar boven konden gaan. Django en Juanez stonden op. Manou gaf me de helft van zijn joint en zei dat ik hem helemaal moest oproken. Dat deed ik, en toen ik daarmee klaar was, was ik zo stoned als een kanarie in een stoombad, ik moest lachen om alles en voelde me heel lekker chill en rustig. Django hielp me de slaapkamer in en deed de deur achter zich dicht, Juanez wachtte op de gang op zijn beurt.

Na twee uur stond ik weer buiten. Manou en ik gingen naar de stad, om te vieren dat ik voor de eerste keer geld had verdiend voor hem. We gingen naar een van de duurste winkels in Stenenmuur, dat was Delicious. Allemaal merkkleding van gsus en Replay. Ik kreeg een heel mooie broek, een paar rokjes en een stuk of vier shirts. Manou zei tegen me dat ik die kleren aan mocht als ik bij hem was, want als ik ze mee naar huis zou nemen, zou mijn moeder willen weten waar ze vandaan kwamen. We gingen naar de McDonald's om een ijsje te halen en we hadden echt lol met zijn tweeën. Manou was echt heel lief en als we jongens tegenkwamen die hij kende, bleef hij bij mij, in plaats van dat hij met hen meeging. Ik voelde me echt veilig bij hem op dat moment, terwijl hij me een paar uur daarvoor nog had gestompt.

Nadat we bij de McDonald's waren geweest, liepen we naar een coffeeshop, waar ik werd voorgesteld aan het meisje dat daar werkte. Ze was heel dun en had lang donkerbruin haar. Manou zei tegen haar dat ze me altijd een joint moest geven als ik er een kwam halen. Het meisje vroeg hoe oud ik was. Voordat ik wat kon zeggen zei Manou dat ik zestien was. Ik kon aan haar ogen zien dat ze dat niet geloofde, maar ze zei niks en knikte. Daarna kocht Manou twee voorgedraaide joints en we gingen in zijn auto zitten.

'Zie je die jongen daar?' vroeg Manou en wees naar een man die net uit zijn auto stapte. Het was een heel brede donkere man met een zonnebril. Hij had een paar dreads op zijn hoofd en hij had een portemonnee in zijn hand. Hij zag Manou zitten en kwam onze richting op.

'Jij moet uit zijn buurt blijven, hij spoort niet, gehoord?' zei Manou en hield zijn vinger voor mijn neus alsof ik een kleuter was. De man klopte op het raam en Manou deed het raampje omlaag.

'Heb je weer een nieuwe, Manou? Je vindt het vast niet erg als ik haar even inwerk,' zei de man met een Antilliaans accent. Hij begon bijna te kwijlen toen ie naar me keek, het was echt een vieze man om te zien en hij stonk naar zweet, hij had borsthaar dat onder zijn shirt uitkwam en een gouden ketting met een kruisje eraan dat daartussen hing. Ik draaide mijn hoofd weg en nam nog een hijs van de joint.

'Je blijft bij haar uit de buurt, zij wordt niet zoals die andere meisjes,' zei Manou en sloot het raampje weer. De man liep weg en Manou keek me aan. 'Hij doet nooit zijn zonnebril af, niemand van ons heeft ooit zijn ogen gezien,' zei Manou en keek de man na.

'Hoe heet hij?' vroeg ik voorzichtig.

Manou zei: 'Kom, ik breng je terug naar je fiets, dan kan je naar huis of naar school, wat jij wil.' Hij startte de motor en reed weg. Hij zette me op school af en zei dat hij me die avond zou bellen.

'Maria, waar was je de hele dag?' hoorde ik Nikki over het plein roepen. 'Bij Manou,' zei ik en zwaaide nog naar hem voor hij de hoek om reed.

'Wat heb je gedaan joh? Moet je je ogen zien,' zei Nikki en keek me aan. 'Niks, gewoon een beetje gechild,' zei ik en liep het plein op. Nikki kwam naast me lopen en wou alles weten, ik zei haar niks. In de aula kwamen Shamilla en haar vriendinnen naar me toe.

'Ik heb iets voor je gedaan, ik heb uitgezocht wie die Manou eigenlijk is. En weet je wat daar nou uitkwam? Hij is een pooier, schat, dus dat betekent dat jij een hoer bent,' zei Shamilla met een vieze glimlach op haar gezicht, in de hoop dat ik zou reageren. Ik keek haar aan en zei: 'Weet ik, liever.' Daarna liep ik met Nikki naar boven om de laatste les van die dag bij te wonen. De docent van wie we les hadden merkte niet eens of ik er wel of niet was, laat staan dat ik zo stoned als een garnaal was. Hij vroeg of we ons huiswerk voor ons wilden nemen.

'Jij, ehm... hoe heet je ook alweer?' vroeg hij aan mij.

'Maria, meneer.'

'Ja, Maria, wil jij even voorlezen?' en hij deed zijn boek open.

'Ik ben mijn boeken vergeten,' zei ik en legde mijn hoofd op tafel om te gaan slapen. 'Dat is niet zo handig van je. Ehm... Nikki was het toch? Ja, Nikki, wil jij het dan voorlezen, pagina 27,' zei hij en keek Nikki aan. Ze begon te lezen en ik viel in slaap.

'Maria, word wakker, we mogen weg,' zei Nikki en schudde me wakker. 'Kom, we gaan naar de stad, dat hebben we al zo lang niet gedaan,' zei ze en pakte mijn jas. Ik stond op en volgde haar. Ik voelde me niet zo goed, ik had echt buikpijn, maar ja, ik ging wel met haar mee naar de stad.

Zo ging het een paar weken door. Op school kwam ik bijna nooit, alleen voor toetsen, gevechten met die Shamilla of voor Nikki. We werden er vaak uitgescholden door de docenten, ze vonden ons dom, soms zelfs te dom om toetsen te maken, je werd helemaal de grond in gestampt. Als je al weinig zelfvertrouwen had, zorgden zij er wel voor dat je helemaal niks meer overhield. Het maakte ze niet uit of je wel of niet in de klas was en vaak waren ze zelf niet eens aanwezig, dus zaten we daar maar een beetje. Er werd vaak geblowd en gerookt uit het raam en je kon zelf je rooster indelen, je kon alles verplaatsen naar een andere dag en als je dan toch niet kwam, merkten ze er niks van.

Ik ging meestal onder schooltijd met Manou mee om naar een van zijn jongens te gaan om geld voor hem te maken en als ik niet wou gaf hij me een paar klappen of nog meer wiet zodat ik deed wat hij zei. Met Nikki ging ik af en toe naar de stad, maar ze merkte wel dat ik veel minder aandacht voor haar had dan vroeger, daar had ze vaak moeite mee, ze vond dat ik haar in de steek liet en dat ik veel te veel bij Manou was.

'Je bent echt veranderd, als je zo doorgaat, dan hoef ik je niet meer hoor, wat heb ik nou aan een vriendin die er nooit is,' zei Nikki altijd als ze het weer even had gehad met mij.

'Mijn hemel, we zijn niet getrouwd hoor,' zei ik dan, dan was ze stil en liep ze weg of hing ze op als ze me belde.

Thuis ging het niet geweldig. Ik had veel ruzie met mijn moeder, die wou weten hoe het kon dat mijn ogen steeds zo rood waren en wat er aan de hand was de laatste weken, ze vond dat ik was veranderd en ze maakte zich zorgen over me. Ik moest niets van haar hebben, ik had eindelijk wat ik wou, wat meer spanning in mijn leven, en ik wou niet dat mijn moeder daar iets van wist. Als ik geen ruzie met mijn moeder had, dan had ik wel ruzie met mijn zusje; zij bemoeide zich veel te veel met me, vond ik, en ze was het natuurlijk eens met mijn moeder.

Thuis was het dus niet leuk, ik ging liever naar Manou, daar was het tenminste niet saai en voelde ik me chill en hoefde ik aan niks te denken. Ik moest wel met allerlei mannen naar bed, maar dat voelde ik toch niet, omdat ik stoned was. Manou sloeg me ook wel, maar dat deed hij alleen maar omdat hij me wou leren luisteren, het was goed dat hij me sloeg, dan gaf hij tenminste nog om me. Zo dacht ik dan.

'Dat moeten alle meisjes, wees blij dat ik je dit nu leer, want als je nu niks leert, krijg je daar later alleen maar problemen mee,' zei hij altijd als ik hem vroeg waarom hij me sloeg of waarom ik met die mannen naar bed moest. En soms zei hij ook dat hij het gewoon leuk vond om me te slaan en om me stoned te maken en me dan te laten ballen. 'Om te zien hoe jij die dingen allemaal voor me doet, dat gevoel is echt heel fijn, maar dat zal jij ook nog wel krijgen als je op dat punt bent aanbeland,' zei hij soms.

Soms snapte ik niks van hem, maar ik ging ervan uit dat hij de waarheid sprak en dat alle meisjes van mijn leeftijd dat deden.

Mijn moeder had het ook nooit over jongens gehad, tenminste niet dat ik me kan herinneren, dus alles wat ik van jongens wist, was wat Manou me had verteld. Ik had ook geen vader die me kon vertellen wat goed en niet goed was. Ik had alleen Manou, die me alles leerde zoals hij dat wou, en daar luisterde ik ook naar.

Een paar weken later moest ik met Manou mee naar een paar jongens. Dit keer was het niet voor seks, maar voor iets anders, ik zou een hogere functie krijgen, zei Manou. Ik moest nu niet meer alleen met jongens naar bed, maar ik moest ook pakketjes wegbrengen voor Manou en andere jongens. Ik zou een tweede telefoon krijgen, dat was mijn werktelefoon en die mocht ik alleen gebruiken als ik Manou of een van die andere jongens nodig had. Alle nummers die ik moest kennen, stonden erin. Ik zou ook een jongen krijgen om op me te passen als Manou wegging.

Ik zat naast Manou op de bank en de andere jongens, waaronder Juanez, zaten op stoelen voor ons.

'Juanez wordt een soort van oppasser voor je,' zei Manou. 'Als ik op zakenreis moet naar het buitenland, dan let Juanez op je en brengt hij je naar jongens, je moet het geld aan hem geven en hij zorgt ervoor dat je de adressen krijgt waar je een pakketje naartoe moet brengen.' Hij keek naar Juanez, die glimlachte. 'Ik heb hem al gezegd: hij blijft van je af en jullie mogen niet ballen, hij mag je niet slaan, dat mag alleen ik. Hij weet ook dat je niet mag omgaan met die man met de zonnebril. Hij weet met welke jongens je een afspraak hebt de komende maand en hij weet hoeveel geld hij moet hebben aan het eind van de maand, dus je kan niks achterhouden,' zei Manou en hij wees met zijn vinger naar me, 'want Juanez weet precies hoeveel je krijgt per beurt.'

'Wanneer ga je weg dan?' vroeg ik.

'Vannacht,' zei hij en nam een hijs van zijn joint. 'Je weet waar je joints kan halen, rook er niet meer dan drie per dag, anders ga je te snel, verder is alles geregeld en mij zie je weer over een maand. Ik laat jou en Juanez nu even alleen zodat hij je beter kan leren kennen, ik moet nog wat doen in de stad. Ik kom je straks halen, dan breng ik je weer naar je fiets. Oké, schatje, maak je geen zorgen, ik ben er snel weer.' Hij stond op en de andere jongens volgden hem.

Nou, daar was ik dan met Juanez. 'Ik wil dat je die ene vriendin van je belt, waar je altijd mee samen bent,' zei hij en pakte een van zijn telefoons.

'Nikki?' vroeg ik hem en keek naar de telefoon.

'Ja die ja, ik vind haar wel leuk en ik wil dat jij een afspraak voor me regelt met haar, wat is haar nummer?' vroeg hij en keek me aan met de telefoon in zijn hand.

'Ik ga Nikki niet naar jou toe brengen, ben je gek of zo?' zei ik en wou opstaan. Hij pakte me bij mijn schouder en duwde me op de bank terug.

'Ik mag je niet aanraken, dat weet je, maar dat betekent niet dat je een grote mond tegen me kan hebben.'

'Wat moet je eigenlijk met Nikki, zij is toch helemaal niet jouw type meisje?' vroeg ik en haalde zijn hand van mijn schouder.

'Hoe weet jij dat nou? Je kent me niet eens,' zei hij op een chagrijnige toon. 'Je hebt wel gelijk hoor, ik hou meer van meisjes als jij, maar ja, ik mag jou niet hebben van Manou, en je vriendinnetje wel. Ik kan haar heus wel mooi maken hoor, als ze zich anders gaat kleden en een beetje wordt zoals jij, dan kan ik haar ook heus wel leuk gaan vinden, en zo heb ik jou toch nog een beetje, want jij bent een vriendin van haar.'

'Maar je kan haar niet veranderen in mij, zij zit heel anders in elkaar, zij zal nooit voor je werken, sowieso moet ze niks hebben van jongens en seks, ze is daar nog helemaal niet aan toe,' probeerde ik nog. Maar hij had het al in zijn hoofd en ik kreeg het er niet meer uit. Hij haalde een mes uit een la van de kast die in de woonkamer stond.

'Luister, je geeft me haar nummer en dan zien we wel verder, jij hebt een goeie invloed op haar en naar jou luistert ze wel, dus doe wat ik zeg of ik zal dit mes moeten gebruiken en dat zou zonde zijn van je mooie hoofdje,' zei hij op een toon alsof het de normaalste zaak van de wereld was. Ik pakte de telefoon en belde haar op.

'Hallo?' hoorde ik Nikki zeggen. 'Hey Nik, met mij, luister dan, ik moest het je toch zeggen als ik een leuke jongen voor je zag?' zei ik en keek Juanez aan, die met het mes zijn nagels aan het schoonmaken was.

'Ehm ja, hoezo?' klonk haar stem.

'Waar ben je?' vroeg ik.

'Nu nog op school, maar de laatste drie uur vallen uit, dus ik ben zo vrij,' zei ze.

'Kan je dan niet komen, die jongen is er dan ook, dan kan je hem zien,' zei ik, ik probeerde mijn stem niet te laten trillen.

'Ja kan wel, ik moet nu gaan, ik kom wel over een halfuur voor de kerk op het Broodplein, oké?' zei ze.

'Ja is goed, ik zie je dan over een halfuur,' zei ik en hing op.

'Goed, over een halfuur dus,' zei Juanez en ging staan. 'Sta op.' Ik stond op en Juanez zette het mes tegen mijn keel. 'Hoe zou het eruitzien als ik een snee in je keel zou maken? Weet je, ik kan echt geil worden van bloed, zeker als je dan gaat schreeuwen van de pijn,' zei hij en keek me aan met heel lege, enge ogen en begon een beetje te lachen.

'Waar ben jij mee bezig?' klonk een rustige, vertrouwde stem achter me. Juanez liet me meteen los en ik ging zitten op de bank, ik trilde helemaal.

'Ik zou heus niet echt steken hoor,' zei Juanez en ging op een stoel zitten. Manou liep de kamer in.

'Doe maar rustig, hij doet je niks,' zei Manou en kwam naast me zitten.

'Ik moest Nikki bellen en nu komt ze over een halfuur, Juanez wil dat ze zijn vriendin wordt omdat hij mij niet kan krijgen, maar Nikki wil helemaal niet voor hem werken...'

'Doe eens rustig,' zei Manou, 'dat Nikki komt is alleen maar goed, dan heb je tenminste je vriendin bij je, dan ben je niet meer helemaal alleen, en verder hoef je je nergens zorgen over te maken, mi dushi. Als Nikki niet wil, zegt ze het wel.'

Juanez stond op, zei nog wat in het Papiamento tegen Manou en liep daarna naar zijn slaapkamer. Ik zat nog met Manou op de bank, hij zei dat hij wegging om zijn spullen te pakken en dat ik niet bang hoefde te zijn voor Juanez, want hij zou me niks doen. Manou gaf me ook die nieuwe telefoon en hij zei dat hij me elke dag zou bellen om te kijken hoe het ging. Daarna zei hij nog dat ik het heel goed deed voor een nieuw meisje, ik was nog maar twee maanden bij hem, maar hij kon al zien dat ik sterk was. Hij was trots op me en kon wel zien dat ik veel aankon, dus als hij terugkwam en ik had mijn best gedaan, zou hij gaan kijken of er een hogere functie voor mij was.

Ik wist niet of ik daar blij mee moest zijn, maar het voelde fijn dat Manou vertrouwen in me had en dat hij me sterk vond. Ik wist niet of ik het altijd even leuk vond om spanning te hebben in mijn leven. Ik was nu wel bij die jongens, ik reed in dure auto's, kreeg dure kleren en had drugs zoveel ik wou, net als Manou had gezegd, maar ik had het me toch heel anders voorgesteld. En nu kon ik niet meer terug. Manou liet me niet meer met rust, bang dat ik iets zou vertellen aan mensen die het niks aanging. En hij zei dat hij me veel te aardig vond, dat hij nu tenminste een echte goede vriendin had gevonden en dat hij met mij veel mogelijkheden voor de toekomst zag. Ik was benieuwd wat ik allemaal zou moeten doen en hoelang ik dit leven vol ging houden. Het leven van seks, drugs, geweld en wapens. Ik was nog maar twee maanden bij Manou, maar het voelde veel langer dan dat. Wat ik allemaal al niet had moeten doen in die twee maanden! Maar dat was nog niks vergeleken met wat er nog ging komen.

Manou ging weg en ik ging met Juanez naar de kerk waar Nikki naartoe zou komen. We wachtten een uur, maar ze kwam niet. Na anderhalf uur belde ze op en zei dat ze thuis was, ze had ruzie met haar vader en mocht niet meer naar buiten die dag. Ik was nog nooit zo blij geweest dat ze had afgezegd. Juanez zei verder niks en bracht me naar mijn fiets.

Verder ging die maand best snel, ik deed wat ik moest doen, ging met al die mannen naar bed, gaf het geld aan Juanez, bracht drugs weg of haalde ze op bij de adressen die ik van de jongens kreeg. Ik leerde steeds meer jongens kennen en sommigen waren eigenlijk best aardig. De meesten hadden een kind, omdat ze dan strafvermindering kregen als ze werden opgepakt. Ik moest ook weleens op die kindjes passen als de jongens even weg moesten. Ik kwam die jongen van de snackbar ook weer tegen, hij heette Yesper, hij was half Antilliaans, half Surinaams, en best aardig. Ik heb een keer seks met hem gehad, meestal had hij een an-der meisje, maar zij was meegenomen door Manou en daarna nooit meer gezien. 'Soms verdwijnen er meisjes, die gaan dan op vakantie met Manou en komen daarna niet weer terug,' had Yesper gezegd. Ik was wel benieuwd waar die dan bleven, maar daar zou ik waarschijnlijk toch niet achter komen, dacht ik... Thuis ging het nog steeds niet goed, mijn moeder was veel aan het werk om ons huis te kunnen houden, want de huur was best hoog. Ik zag haar bijna nooit, want ik was altijd weg.

Ik verlangde heel vaak terug naar vroeger, toen ik nog op de basisschool zat. Toen kwam ik 's nachts heel vaak bij haar liggen als ik niet kon slapen, en we hadden nooit ruzie. Tussen mijn zusje en mij ging het toen ook beter. We waren altijd de beste maatjes en met zijn drieën was het altijd leuk. 's Avonds lagen we allebei aan een andere kant van mijn moeder op de bank televisie te kijken en we knuffelden heel vaak. Eigenlijk ging alles toen goed en nu hadden we alleen maar ruzie, over niks soms. Ik wilde soms zo graag even knuffelen met haar, maar dat kon niet, dat paste niet meer. Ik was ouder en ik dacht dat je dan niet meer echt contact had met je moeder en je zusje, omdat Manou dat ook niet had, had hij ooit verteld. En alles wat Manou zei was waar, tenminste, dat dacht ik toen wel.

Op school kwam ik eigenlijk niet meer, alleen nog voor Nikki, in de pauze, of om een toets te maken. Zo bleef ik een beetje bij, en kwam mijn moeder er niet achter dat ik bijna nooit op school was. Ik had op school ook altijd ruzie met Shamilla, we vochten elke keer als ik daar was.

Toen Manou terugkwam van zijn 'zakenreis' zag hij er heel slecht uit. Hij had dikke wallen onder zijn ogen en heel vieze kleren aan. Hij kwam me halen van school en nam me mee naar zijn huis. Ik hoefde van hem die dag niet te werken, het enige wat hij wou, was dat ik bij hem was voor het gezelschap. Hij had behoefte om met iemand te praten en met zijn vrienden kon dat niet, want iedereen die hij kende werkte voor hem. Toen we bij hem thuis waren ging hij op bed liggen en ik ging naast hem zitten. Mordechai lag naast Manou zijn bed op de grond, half op mijn voeten, hij was toch wel lief als hij rustig was. Manou legde aan mij uit dat hij de baas was van alle jongens. Hij liet me mappen zien waarin alle jongens stonden. Elke jongen op een eigen A4'tje, met zijn foto en al zijn gegevens erbij. Hij had ook een map met foto's en gegevens van meisjes. Hij had een hele lading valse paspoorten voor als een van zijn jongens plotseling het land uit moest omdat hij werd gezocht door de politie, of als er een meisje naar het buitenland werd verkocht, wat ook nog weleens voorkwam. Hij had een map waar hij al zijn financiën in bijhield. Hele pagina's vol met wat hij op welke dag had verdiend, hoeveel en wat hij had uitgegeven. Hij had een map met nummers en adressen en een aparte map voor mij. Ik zag mijn foto en mijn gegevens erin staan. Hij zei dat ik een aparte map had omdat ik net als hij boven iedereen zou komen te staan. Ik zou dingen van hem over moeten nemen en uiteindelijk net zo veel verantwoordelijkheid krijgen als hij. Toen ik hem vroeg waarom hij mij daarvoor had uitgekozen, begon hij te lachen. 'Het is voor mij best eenzaam, helemaal bovenaan zonder iemand die me kan helpen. Jij hebt iets wat ik nog niet eerder heb gezien.' Hij lag met zijn armen onder zijn hoofd naar het plafond te kijken.

Die dag heb ik heel veel met hem gepraat. Hij vertelde over de jaren dat hij dit 'werk' al deed en hij liet me zien waar hij al zijn geld bewaarde, ergens in een kluis in het buitenland, hij wou niet zeggen waar en welk land, maar ik kreeg wel een foto te zien van de kluis waar alles in zat. In zijn dashboardkastje zaten ook altijd stapeltjes geld en in zijn huis had hij in elke kast een dubbele bodem waar hij geld en drugs bewaarde. Deze man was echt voorbereid op alles, hij was zo georganiseerd, hij was zo... gestoord.

Hij zei dat hij het leuk vond om mensen pijn te doen, om te zien hoe mensen pijn hebben, dat hij daar blij van werd, omdat hij dan zijn eigen pijn niet hoefde te voelen. Toen ik hem vroeg wat er dan was gebeurd waar hij pijn van had, sloeg hij helemaal om. Hij wou niet meer praten en was weer de man die geen gevoel, geen emotie had. Hij stond op, gaf me een trap tegen mijn heup en ging achter de computer zitten. Het was een hele tijd stil. Hij zat op msn en ik ging op de bank zitten om naar buiten te kijken. Daar waren kinderen met hun vader aan het voetballen.

'Dat had je niet moeten vragen.' Dat was het enige wat hij nog zei, de rest van de dag. Hij bracht me aan het eind van de middag naar mijn fiets en reed weg zonder nog wat te zeggen. Ik snapte er niks van, maar deed verder niks. Ik liep nog een rondje door de stad, wat best wel moeilijk ging, want ik liep mank omdat Manou me had getrapt tegen mijn heup. Opeens liep er een jongen op me af. Hij ging voor me staan, gaf me een klap in mijn gezicht en liep door. De mensen die het zagen kwamen naar me toe om te vragen of het wel ging, maar ik hoorde ze niet. Ik liep naar de coffeeshop en haalde een joint. Het meisje dat daar werkte gaf me een doek met ijs voor mijn wang en voor het eerst vroeg ze hoe het met me ging, hoe ik heette en wat ik deed bij Manou. Ik zei mijn naam, ik zei hoe het ging, maar verder niets. Ik weet nu nog steeds niet hoe ze heet, ze heeft het me nooit verteld.

Toen ik thuiskwam wou mijn moeder weten hoe ik aan die

blauwe plek op mijn wang kwam en waarom ik mank liep. Ik zei dat ik ruzie kreeg met een meisje in de stad. Volgens mij geloofde ze me niet, maar ze zei verder niks.

'Wat is er toch met jou gebeurd, waarom zeg je het niet gewoon? Ik weet zeker dat ik je kan helpen.' Ze zei dat zo vaak, maar ik wilde en durfde niks tegen haar te zeggen. Ik wou dat ze me gewoon thuis had gehouden als ze zag dat ik weer eens helemaal stoned was, hoe erg ik ook tekeer was gegaan. Ik weet zeker dat ik mijn dochter later niet zal laten gaan als ze thuis komt en ze is stoned, maar ja, dat is nu allemaal gepraat achteraf. Ik snap ook wel dat ze niks deed omdat ik nooit wat zei. Als ik wat zei, was het dat er niks aan de hand was. En ik snap ook wel dat ze niet meer wist wat ze moest doen, hoe ze er achter moest komen wat er aan de hand was, waar ze moest beginnen.

Mijn zusje nam die dag voor het eerst haar nieuwe vriendje mee naar huis. Het was een aardige jongen, maar het was het broertje van Bryan, een van de jongens van Manou. Ik zei tegen haar dat ze het beter uit kon maken, maar toen ik niet wou vertellen waarom en zei dat ze me gewoon moest vertrouwen als ik zei dat ie niet goed voor haar was, lachte ze me uit en liep ze weg. Ik liet haar verder maar, want ik had het al veel te druk met mezelf.

Het volgende wat er gebeurde, was dat ik samen met Manou naar die man met de zonnebril ging, die me zou uitleggen wat ik moest doen om hogerop te komen. Manou zei tegen me: 'Hoe hoger je komt, hoe minder je hoeft te werken als hoertje.' Wat ik er nu ook bij moest gaan doen, was zorgen dat er nieuwe meisjes kwamen. Ik moest afspraakjes regelen voor de jongens en ervoor zorgen dat de meisjes verliefd werden op die jongens, zodat ze makkelijker voor ze gingen werken. De man met de zonnebril zei dat ze mij sneller zouden vertrouwen dan die mannen; ik zag er betrouwbaarder uit. Manou en de man legden me alles uit wat ik moest weten. Ik zal hier de stappen opschrijven zoals ik ze heb geleerd, al zijn ze in het echt iets gedetailleerder.

Stap 1: je gaat op een plek zitten waar veel mensen/meisjes komen.

Stap 2: je gaat op zoek naar een groepje meisjes dat langsloopt, je moet dan letten op de lichaamstaal van elk meisje.

Stap 3: je gaat kijken welk meisje buiten de groep valt, meestal zijn dat de meisjes die aan de buitenkant lopen. Je kan dat zien aan de lichaamstaal (of ze onzeker zijn of niet) en aan de mate waarin ze bij de groep worden betrokken.

Stap 4: je probeert de aandacht te trekken van het meisje door, als je een jongen bent te fluiten, of anders te roepen, als ze omkijkt heb je haar aandacht en ga je flirten, ze loopt door, maar als ze nog een keer omkijkt, heb je beet.

Stap 5: je maakt een praatje, je vraagt hoe het gaat, waar ze naartoe gaat en wat ze gaat doen, geeft ze antwoord op je vragen en je ziet aan haar lichaamstaal dat ze zich geen houding weet te geven, dan zit je goed.

Stap 6: je probeert haar nummer te krijgen of spreekt wat af later die dag, als dat allemaal goed gaat, moet je (de jongen) proberen te zorgen dat ze verliefd op je wordt. Je hoeft daarvoor niet per se cadeautjes en zo te geven, als je het goed aanpakt, kan het makkelijk zonder.

Stap 7: als je haar zover hebt dat ze smoorverliefd is, als ze geen vader of oudere broer of neef heeft die op haar past, en ze is mooi genoeg, dan kan je haar bang gaan maken, bedreigen, slaan als ze niet luistert en haar voor je laten werken.

Dat zijn de stappen in het kort, zoals Manou en de man met de zonnebril mij die dag hebben geleerd. Zij hebben ze nog veel verder uitgewerkt, maar dat was iets te lang om op te schrijven. Later komen er andere, steeds hardere stappen, maar als je net begint, zijn dit de basisdingen die je moet weten. Op mij zouden die meisjes niet verliefd worden. Ik moest een vriendin van zo'n meisje worden, bij haar thuis komen, het vertrouwen winnen van haar en haar moeder en zusjes en zo. Maar dat hoefde alleen als het de jongens zelf niet lukte. Er mochten dus geen vaders, broers, neven en ooms in de buurt zijn en het meisje moest makkelijk beïnvloedbaar zijn, daarbij moest ze ook nog mooi zijn in de ogen van Antillianen en Afrikanen: met een dikke kont, grote ogen, lang haar en niet donkerder dan Manou.

'We gaan meteen oefenen,' zei de man met de zonnebril en Manou en hij liepen naar de deur. Ik liep achter ze aan. We liepen naar de stad, naar de kerk op het Broodplein, naar het bankje waar zij en de jongens altijd zaten. Toen we kwamen aanlopen zag ik al een paar Antillianen zitten. Manou vond het leuk ze weer te zien en ging steeds sneller lopen. 'Ik ga je voorstellen aan jongens die al heel lang voor me werken,' zei hij en bleef voor het groepje staan.

'Dit is Maria, als jullie nog met haar willen ballen, moeten jullie opschieten, want binnenkort staat ze hoger dan jullie,' zei Manou en begon te lachen. Ik keek hem verbaasd aan, zo stel je iemand toch niet voor? dacht ik. De jongen in het midden stond op en kwam bij me staan. Manou liet me los en liet de jongen achter me staan. De jongen had een gouden tand en korte dreads op zijn hoofd, zijn ogen waren een beetje bol. Zijn kleren roken heel erg naar wasmiddel, hij was best gespierd en groot vergeleken met mij. 'Ik ben Jayson, dushi en jij bent echt lekker, ik zal zo een afspraak maken, ik wil je nog wel even testen voor je verder gaat,' zei Jayson en pakte me bij mijn kont vast. Ik voelde me heel ongemakkelijk, iedereen kon het zien en ik kon niet weg. Op zulke momenten wilde ik echt verdwijnen, op een bepaalde manier deed ik dat vaak ook, het gebeurde steeds meer: dan viel mijn gevoel helemaal weg, ik voelde niks meer, ik hoorde niks meer en liet het gewoon met me gebeuren. Het voelt alsof je weg bent en je van een afstandje naar jezelf staat te kijken. Het is moeilijk uit te leggen, maar als je het zelf weleens hebt, snap je wel wat ik bedoel.

Jayson stond dus achter me en pakte me overal vast, bij mijn kont, mijn borsten en mijn kruis. Hij maakte bewegingen alsof hij aan het neuken was en alle jongens moesten lachen. Ze zeiden dat ik voor hen nooit hoger zou komen, dat ik voor hen altijd een vies hoertje zou blijven.

'Ik hoorde van Juanez dat je bang werd toen hij een mes tegen je keel zette,' zei Jayson en haalde een zakmes uit zijn zak. Manou keek hem aan en pakte het mes af.

'Je mag haar neuken en haar kapotmaken met je praatjes, maar je raakt haar verder niet aan.' Jayson keek Manou aan en deed het mes weer weg.

'Jullie zijn vroeg,' klonk Juanez' stem achter ons.

Jayson liet me los en ging weer zitten.

'Ben je er klaar voor, bitch?' vroeg Juanez aan mij. Hij spuugde op de grond, vlak voor mijn voeten. 'De volgende keer lik je het van de straat op,' zei hij. Ik zei niks en Manou duwde me op het bankje. De jongens waren aan het praten en ik zat te wachten tot ik een groepje meisjes zag. Manou stond opeens op en zei dat er meisjes aankwamen.

'Wat zie je bij deze meisjes?' vroeg Manou. Ik keek naar de meisjes. Het waren er drie. Twee hadden er tassen vast en waren druk aan het praten. Ze waren aan het lachen en die derde lachte ook, maar je kon zien dat ze er niet bij hoorde. Het waren meisjes die zeker ouder waren dan ik. Ze hadden make-up op en hoge hakken en mooie kleren aan. Zo zag ik er ook uit, maar zij waren er echt al ervaren in, ik nog niet.

'Dat meisje met dat donkere haar valt erbuiten, zij heeft geen tas, praat niet met de anderen en kijkt om zich heen, dat doen die anderen niet, omdat ze te druk zijn met praten,' zei ik en keek naar Manou of hij dat een goed antwoord vond. Blijkbaar wel, want alle jongens waren stil en ze lachten me niet uit. Toen voelde ik me een stuk beter.

'Zie je, ik zei toch, jij hebt iets, jij ziet dingen,' zei Manou en deed zijn arm om me heen.

'Weet je nog wat we nu moeten doen?' vroeg de man met de zonnebril. Ik zei dat we haar aandacht moesten trekken. Dat deden de jongens dus, een van hen begon te roepen: 'Pst pst, dushi!'

De twee meisjes met de tassen keken niet om, het andere meisje wel.

'Oké, ga naar haar toe en begin een gesprek,' zei Manou en gaf me een joint. Ik nam een paar hijsen en liep naar het meisje toe. Ze bleef staan terwijl de andere twee doorliepen.

'Hey, alles goed?' was het enige wat er in me opkwam. Het meisje keek me een beetje raar aan, maar gaf na een paar seconden wel antwoord.

'Als je het niet heel erg vindt, wil ik weer naar mijn vriendinnen,' zei ze.

'Ja, is goed, niemand houd je tegen. Ik wou alleen even zeggen dat die jongen daar op het bankje je echt leuk vindt,' zei ik en wachtte af wat haar reactie zou zijn. Het klopte wat Manou en de man hadden gezegd, ze werd onzeker en aan haar lichaamstaal kon je zien dat ze zich geen houding wist te geven, ze ging aan haar shirt zitten frunniken, ze keek om zich heen en leunde steeds van de ene voet op de andere.

Ik was blij dat de stappen verliepen zoals de bedoeling was, maar aan de andere kant besefte ik dat ik het leven van dit meisje kapot zou maken als het me lukte haar mee te krijgen. Toen ik daaraan dacht, schakelde ik mijn gevoel weer uit en deed ik wat Manou van me vroeg. Ik moest wel, anders zou hij boos worden, dan kon ie me gaan slaan, of zou ik weer met mannen seks moeten hebben. Ik keek het meisje aan en vroeg waar ze naartoe ging.

'Eigenlijk met hen mee, maar ze zijn al doorgelopen, dus ik denk dat ik wel met je mee kan,' zei ze en keek me vragend aan.

'Ja, tuurlijk, ik zal je aan hen voorstellen, wat is je naam?' vroeg ik en was echt opgelucht dat ze met me mee wou.

'Ik heet Elize,' zei het meisje en keek naar de jongens.

'Oké, ik ben Maria, ga je mee?' zei ik en liep weer in de richting van de jongens. Manou gaf me een knipoog toen ik aan kwam lopen met Elize en hij deed weer een arm om me heen.

'Wat heeft ze gezegd?' vroeg Jayson aan Elize toen ze bij ons stond.

'Dat je me leuk vindt,' zei Elize en keek naar de grond. Jayson keek mij aan en gaf me een glimlach, voor het eerst een echte glimlach, daarmee liet hij merken dat hij het goed vond.

'Ja, ik vind jou wel leuk, wat vind je van mij dan, dushi?' vroeg Jayson op een overdreven kinderachtige toon. Elize keek Jayson aan en sloeg ineens om.

'Ik ga maar,' zei ze en deed een stap achteruit.

'Waarom ga je, kan je het niet hebben als ik je een beetje pest?' vroeg Jayson verbaasd. Hij was het namelijk niet gewend dat iemand het niet leuk vond wat hij deed. Arrogant, of niet?

Elize zei sorry tegen mij, daarna liep ze weg in de richting van haar vriendinnen.

'Dit ligt niet aan jou hoor, Mari,' zei Manou.

'Ik krijg haar wel bij je, geen zorgen,' zei ik tegen Jayson en liep achter Elize aan. Ik weet niet wat er in me omging, ik vond het alleen maar leuk dat die jongens stil waren en dat Manou vond dat ik het goed had gedaan. Ik betrapte mezelf erop dat ik schijt kreeg aan die Elize, ik wou alleen maar dat ze met me meeging en dat ze bij Jayson zou komen. En dat ik aan iedereen kon laten zien dat ik die meisjes zo kon manipuleren dat ze deden wat ik zei. Was dit ook wat Manou voelde als hij meisjes voor hem liet werken?

'Elize, wacht even! Luister, Jayson bedoelde het niet zo, hij was gewoon aan het kloten,' zei ik toen ik Elize samen met die twee andere meisjes op een bankje achter de kerk zag zitten. Achter de kerk was een groot plein met tegenover de kerk allerlei eetcafés. Als je voor de kerk staat, zie je voor je al die cafés, rechts van je heb je nog de laatste kledingwinkels, daar zat ook de winkel van Manou, de Britain, zo heette die winkel. Links van je is het stadhuis, waar altijd veel geblowd werd.

'Hij deed raar, ik had daar gewoon geen zin in, sorry,' zei Elize en keek naar haar vriendinnen.

'Elize, *my God*, laat die negerbitch met rust joh, jij wil toch niet zo worden als zij?' zei een van de meisjes. Achter me hoorde ik Manou en nog een paar jongens aankomen. Ik keek het meisje aan en vloog haar aan. Ik begon haar te slaan, in haar gezicht, haar buik, waar ik haar maar kon raken. Manou trok me van het meisje af. Elize deed niks, die zat daar maar op dat bankje, het andere meisje begon te gillen. Manou trok me mee, hij zei dat we weg moesten gaan, anders zou de politie komen, die was altijd in die buurt omdat daar altijd ruzie en gevechten waren.

Ik riep nog naar Elize dat ze met ons mee moest gaan en wonder boven wonder stond ze op en liep ze achter ons aan.

Manou sleepte me mee tot we om de hoek waren. Ik hoorde de meisjes nog van alles schreeuwen, maar ze waren te bang om naar me toe te komen omdat al die negers om me heen liepen. We liepen naar de Britain. Daar gingen we naar binnen om even rustig te worden. Manou en ik gingen naar achteren, naar het magazijn terwijl Elize met de rest in de winkel bleef staan.

'De volgende keer ga je niet zomaar iemand aanvliegen, schat,' zei Manou en pakte mijn arm vast. 'Geloof me, ik wil dit niet doen, maar je moet het leren.' Hij gaf me een stomp in mijn maag en een trap tegen mijn bovenbeen. Ik zakte op de grond en probeerde lucht te krijgen.

'Ze noemde me een negerbitch,' zei ik, terwijl ik lucht probeerde te halen. Manou hielp me overheid en zei: 'Dat ben je toch ook, wees er trots op, luister, je gaat zo naar de shop, daar haal je een dikke jonko voor jezelf, daar knap je wel van op. Wij handelen het nu wel voor je af met Elize, wij zoeken wel uit waar ze vaak komt, zodat jij weet waar ze is als je haar vriendin moet worden, maar dat hoeft alleen als het Jayson niet lukt haar nummer te krijgen en met haar af te spreken.'

Hij gaf me een kus op mijn voorhoofd. Ik keek hem ongelovig aan en liep weer naar de winkel. Ik had pijn in mijn buik en mijn been, maar liet niks merken. Ik liep door de winkel naar buiten, weg van Manou.

'Waarom ga je weg, ik moest toch met je meekomen?' riep Elize me nog na, maar ik gaf geen antwoord en liep door.

'Doei, negerbitch, haha,' zei Jayson nog voor ik de hoek om was. Ik hoorde hem, Manou en de rest van de jongens lachen. Elize stond daar nu alleen tussen al die vieze mannen en ik liet haar gewoon in de steek.

Het was inmiddels december: de maand van sinterklaas, Kerst-mis, oud en nieuw en mijn verjaardag. Die was dat jaar niet zo leuk, mijn opa en oma hadden ruzie, mijn zusje en ik ook, dus uiteindelijk ging ik maar weg en liet ik alle mensen zitten. Ik belde Manou op en zei dat hij me moest komen halen. Ik werd gek thuis, ik was ook helemaal niet met mijn verjaardag bezig. Gelukkig duurde het niet lang voor Manou kwam. Ik wachtte op het hoekje bij de snackbar tot ik zijn auto aan zag komen. Hij stopte voor mijn neus en ik stapte in.

'Gefeliciteerd met je verjaardag, schat, je bent nu dertien, over een jaar kan je echt volwassen dingen gaan doen,' zei hij en moest lachen. Die dag hebben we een beetje rondgehangen, we hebben echt veel lol gehad die dag. Manou en ik zijn met de auto heel Stenenmuur doorgereden, bij iedereen langsgegaan om ze te zieken, we zijn bij de McDonald's geweest en hebben een wedstrijd gedaan wie de meeste milkshakes kon drinken. We hebben echt helemaal in een deuk gelegen om niks, ik was die middag echt blij dat ik hem kende, hij was voor een keer mijn vriend in plaats van mijn pooier.

Van die gezelligheid was de volgende dag niks meer te merken, hij zat weer in zijn rol als pooier en ik was weer het hoertje zoals altijd. Hij belde me 's morgens op en zei dat ik om twaalf uur moest klaarstaan. Ik maakte me klaar en liep naar het winkel-centrum, naar de parkeerplaats achter de Albert Heijn. Ik hoorde Manou al van ver aankomen. Die zware motor, het gedreun van de muziek, dat kan je moeilijk niet horen. Hij kwam vlak voor me staan en gebaarde dat ik moest instappen.

'Kijk eens achter je, die jongen op de achterbank, dat is Bas-sim, ik ga je wat vertellen en ik wil dat je goed luistert. Je gaat zo met hem mee naar zijn huis, daar doe je wat hij zegt, als je klaar bent kom ik je halen, dan gaan we naar Stenenmuur-Oost, daar wacht een aantal mannen op je. Je weet dat ik dit niet graag met je doe, maar je moet vandaag echt hard voor me werken, we hebben een beetje geldnood,' zei Manou en we reden de straat in waar Bassim woonde. Hij stopte voor een soort studentenhuis. Bassim stapte uit en hield de deur voor me open.

'Luister, het komt goed, doe gewoon wat hij zegt en laat hem niet boos op je worden,' zei Manou nog voor ik de deur dicht sloeg.

Ik keek naar Bassim, hij was een heel brede, niet al te grote jongen, een Afrikaan. Hij had dezelfde wannabegangsterkleren aan als die Antillianen en had een heel klein beetje kroeshaar op zijn hoofd. Hij leek al best oud, dertig of zo, maar hij zei dat hij twintig was. Ik keek om me heen en zag een pleintje met een glijbaan en een zandbak, en allemaal rijtjeshuizen met dichtge-timmerde ramen. Het huis waar Bassim woonde, had ook van die planken voor de ramen en was overwoekerd met klimop. Het was het enige studentenhuis in de buurt en er woonden alleen maar Afrikanen.

Ik keek Bassim aan en wachtte af tot hij naar de deur liep, ik volgde hem. Hij deed de deur open en een hele muffe geur kwam me tegemoet. Ik deed de deur achter me dicht en terwijl Bassim de trap op liep, keek ik de gang in. Het was een donker huis, alles was bruin of donkerrood geverfd. Er hing een grote spiegel in de hal. Als ik rechtdoor zou lopen kwam je in de gezamenlijke keuken. Voor de keuken was de trap waarover ik langzaam naar boven liep. De trap was oud en vies en hoe hoger ik kwam, hoe muffer het rook.

Bassim stond ongeduldig in de deuropening te wachten. Ik liep zijn kamer in en daar was het net zo donker als in de rest van het huis. Bassim deed de deur achter zich op slot. Ik zat opgesloten, ik kon het raam ook niet uit, het was te hoog. Het bed was een matras op de grond, de bank was grijs en er stonden nog een tv en een stereo. In de hoek was er een wastafel. In een andere hoek lagen vuilniszakken met zijn kleren. Naast de deur aan de rechterkant stonden nog wat schappen met boeken en tijdschriften, het rook er naar een oude boekhandel en natuurlijk naar wiet.

'Ik heb zin in neuken,' hoorde ik Bassim opeens. Even was ik vergeten dat hij er ook nog was. Ik draaide me om en hij stond bloot voor me. Hij had al een stijve en kwam langzaam op me aflopen.

'Ik wil niet, Bassim, alsjeblieft, mag ik weg?' vroeg ik bijna smekend. Hij begon te lachen. Hij deed de deur open en er kwam nog een Afrikaan de kamer binnen. Hij deed de deur weer op slot en nu zat ik dus met twee van die negers op een kamer opgesloten.

'Ik heb zin om te neuken,' zei Bassim weer en dit keer kwamen hij en die andere neger op me af lopen. Die andere neger was veel groter en breder dan Bassim, hij zag er zo eng uit dat ik gewoon kippenvel kreeg. De mannen stonden voor me en die grote neger begon me uit te kleden, terwijl Bassim zich begon af te trekken.

Toen die neger mijn kleren met moeite had uitgekregen, want ik werkte niet mee, werd ik op mijn knieën geduwd en kwam Bassim voor me staan. Ik moest hem pijpen en deed ik dat niet, dan zou die neger me slaan. Hij bleef achter me staan en hield mijn hoofd vast. Bassim duwde zijn piemel zo diep naar binnen dat ik begon te kokhalzen. Toen ze dat hoorden werd ik overeind getrokken en de neger gaf me een stomp in mijn maag waardoor ik weer op de grond zakte, ze begonnen te lachen en ik werd naar het bed gesleept. De neger begon zich ook uit te kleden terwijl Bassim me neerlegde zoals hij dat wilde. Hij begon me te neuken, zo hard dat ik begon te huilen. Dat vond hij alleen maar leuk en hij ging door met waar hij mee bezig was.

Ik trok het niet meer. Dit was een van de eerste keren dat ik gewoon nuchter was terwijl ik voor Manou moest werken en op dat moment snapte ik niet hoe ik dat al die tijd had volgehouden. Ik begon te schreeuwen en van me af te trappen. Ik werd helemaal gek in mijn hoofd, Bassim hield op en greep me bij mijn haren.

Op dat moment werd er keihard op de deur gebonkt, de neger deed open en ik zag Manou in de deuropening staan. Hij keek heel erg kwaad, ik was opgelucht omdat ik dacht dat hij kwaad was op Bassim, maar het bleek dat hij kwaad was op mij omdat ik niet luisterde. Manou kwam op me af en trok me aan mijn arm omhoog.

'Ben je gek of zo, waar ben je mee bezig, vieze slet!' schreeuwde hij en trok me mee de kamer uit.

'Had me dan een joint gegeven, ik wil dit niet meer, Manou, laat me los!' schreeuwde ik. Ik begon te hyperventileren.

'Stel je niet aan, meekomen jij,' zei Manou op een iets rustiger toon. Hij sleurde me de trap af door de keuken, waar een andere trap was. Boven aan de trap was een kamer, hij leek op die van Bassim, alleen was hier een kast. Hij deed de kast open en stopte mij erin. Ik was nog steeds naakt, maar merkte dat niet eens. Hij deed de deur achter zich dicht en het was helemaal donker. Ik raakte helemaal in paniek, ik kreeg geen lucht meer, begon te schreeuwen en tegen de deur te bonken, achter die deur hoorde ik Manou, Bassim en de neger lachen, ik hoorde vaag nog muziek en daarna werd het zwart voor mijn ogen en viel ik neer.

Ik werd wakker en lag op een bed, het was het bed van Bassim. Ik zag Manou naast me zitten.

'Gaat het, schatje?' vroeg hij met een veel te lieve stem. Bassim had zich weer aangekleed en zat op de bank tv te kijken, de andere neger zag ik niet meer. Ik voelde me moe en bang. Manou keek me aan en begon te lachen.

'Je kan wel hard schreeuwen,' zei hij en stond op. 'Ga staan en maak af waar je aan begonnen bent,' zei hij en wenkte naar Bassim dat hij bij me mocht komen. Ik was nog niet helemaal bijgekomen en keek een beetje suf voor me uit.

'Omdat je je zo aanstelde, blijf ik er wel bij, anders ga je misschien weer dom doen,' zei Manou en keek naar Bassim die zijn broek alweer op zijn knieën had hangen. Op dat moment maakte het me niet meer uit wat er gebeurde, ik liet het over me heen komen.

Terwijl Bassim bezig was, dacht ik aan vroeger, aan mijn moeder. Ik dacht aan hoe gezellig het vroeger kon zijn, ook al kon ik me niet veel meer herinneren van de tijd voor Manou. Ik dacht aan de keren dat mijn moeder en ik de slappe lach hadden en dat we naar de stad gingen om nieuwe kleren te kopen. Mijn moeder kon hele mooie kleren kopen voor heel weinig geld, dat was echt iets van haar en mij, zo veel mogelijk kleren voor zo weinig mogelijk geld, in de uitverkoop meestal. Ik miste haar en ik voelde me zo eenzaam, terwijl ik meestel niet veel meer voelde omdat ik altijd stoned was of mijn gevoel uitzette. Ik dacht er ook aan dat ik mijn moeder eigenlijk alles wel zou willen vertellen. Ik wou dat ze wist wat er aan de hand was, zodat ze me kon helpen, maar volgens Manou was mijn moeder niet goed voor mij.

Toen Bassim klaar was, kleedde hij zich weer aan en zei

Manou dat ik me een beetje op moest frissen, zodat we naar het volgende adres konden gaan.

Wat er die dag verder is gebeurd weet ik niet echt meer, ik was moe, stoned en helemaal gevoelloos. Toen ik thuiskwam, had ik op mijn armen en benen allemaal blauwe plekken zitten, dus ik zal wel geslagen zijn. Mijn moeder en ik kregen weer eens ruzie, omdat ze vond dat ik er slecht uitzag en wou weten wat er was, en omdat ze vond dat ik een grote mond had en haar buitensloot. Dat deed ik ook, ik wou haar niet dicht bij me hebben, omdat ik dacht dat ik haar haatte. Maar ik wou ook dat ik haar wel dicht bij me kon hebben. Ik wou het haar op dat moment wel vertellen, maar ik durfde niet, bang voor wat Manou zou gaan doen. Hij zou mijn moeder en mijn zusje iets aandoen en hoe erg ik ze op dat moment ook haatte, ik hield op de een of andere manier toch nog genoeg van ze om dat te willen voorkomen.

Veel jongens zeiden altijd tegen me: als Manou zegt dat hij je iets aandoet, dan doet hij dat ook, hij bluft nooit. Het maakt niet uit hoeveel tijd ertussen zit, als hij zegt dat hij je pakt dan doet hij dat, al is het jaren later en denk je dat hij je allang is vergeten, hij pakt je. Ik geloofde dat meteen, zo zat hij ook wel in elkaar, hij vond het tenslotte leuk om te zien hoe mensen pijn hebben.

Al snel kreeg ik te zien wat er dan gebeurde. Manou belde me op toen ik een avond thuis was, voor de verandering. Hij zei dat ik vroeg naar bed moest omdat er de volgende dag iets heel belangrijks ging gebeuren. Ik zou gaan zien wat hij deed met jongens die niet op tijd geld hadden betaald voor drugs, te laat meisjes hadden afgeleverd, dat soort dingen. Ik moest me goed voorbereiden op iets wat ik niet leuk ging vinden, maar ik zou er wel aan wennen. Daarna hing hij op en ging ik maar slapen, omdat hij dat had gezegd.

De volgende dag werd ik door hem opgehaald achter het win-kelcentrum. Ik liet mijn fiets ergens op de parkeerplaats staan en stapte bij Manou in de auto. Hij zei de hele weg niks, ik keek uit het raam, naar de meisjes die met een hele groep naar school fietsten, ze leken de grootste lol te hebben.

Ik zag een oude vrouw met haar hondje lopen, dat deed me denken aan mijn opa en oma, bij wie ik altijd kwam toen ik klein was. Bijna elk weekend was ik bij hen. Mijn oma maakte altijd pannenkoeken op zaterdag voor de lunch, die pannenkoeken waren zo dun en knapperig, als ik eraan denk loopt het water me in de mond. 's Morgens at ik er altijd yoghurt met haverze-melen en ranja erdoor, ik kreeg dan op een rood dienblad een bakje yoghurt, drie crackers met pitjeskaas, vijf botersnoepjes, een glas melk en als ik geluk had een glas 7-up, ik zat dan in de kamer achter de kleine tafel op de grond naar de *Droomshow* te kijken.

Ze woonden op een boerderij met heel veel land eromheen, dus ik had er ruimte genoeg om te spelen. Mijn opa maakte altijd schommels van een touw en een stuk hout. En hij had achter het huis een hele verzameling oude trekkers en machines die niet meer werkten, daar konden mijn neefjes en nichtjes en ik natuurlijk heel mooi op spelen. Maar dat was vroeger en dit was nu, ik zat nu bij Manou in de auto, ik werkte al bijna een jaar voor hem en volgens hem was dat nog maar het begin. Ik keek naar hem, hij was heel geconcentreerd op de weg aan het letten en tegelijkertijd met de muziek aan het meezingen. Van de zijkant leek hij best wel op een gorilla, hij had een platte neus en de vorm van zijn hoofd klopte niet helemaal, dat viel me nu pas op. Zijn dikke buik zat bijna tegen het stuur aan, hij was eigenlijk heel erg lelijk. Ik keek nog eens goed naar hem. Mijn hemel, wat moest ik toch bij die man, ik had alleen een beetje meer spanning in mijn leven gewild en kijk waar ik nu terecht was gekomen. Nou, die spanning van het begin was er echt wel af.

We reden naar Stenenmuur-Oost, naar een flat waar ik nog nooit was geweest. Ik stapte uit en het eerste wat ik zag waren een paar kleine kinderen die aan het spelen waren op een klimrek dat tussen de flats was gebouwd. Ik zou later nooit met mijn kind in een buurt als deze gaan wonen. Er woonden hier eigenlijk alleen maar Antillianen. Onder in de flats werd gedeald en gebruikt. Het was net zo'n Amerikaans getto, maar dan in het klein. Het was best lekker weer voor de tijd van het jaar, december. Het was wel koud, maar het sneeuwde gelukkig niet en de zon scheen.

Manou nam me mee de flat in. In de lift zei hij dat ik alleen maar hoefde te kijken en meer niet. Ik vertrouwde hem helemaal niet, het was nooit alleen maar kijken bij Manou. We gingen een kamer in, het was best ruim en het stonk er voor de verandering niet naar wiet, hasj, seks of iets anders. We liepen de woonkamer in waar vijf jongens al zaten te wachten, Juanez, Django, de man met de zonnebril en nog twee anderen die ik niet kende, dat bleken Romario en Pepito te zijn. Romario was een best mooie jongen om te zien, hij was chocoladebruin en had zijn haar van voren in een lok, net als Leonardo DiCaprio in *Titanic*, verder had hij wel van die wannabegangsterkleren aan en een gouden tand, dat maakte hem weer een van hen, dus was ie meteen minder mooi. Pepito had een rotkop. Hij was best klein, maar heel breed, hij had kleine krulletjes op zijn hoofd met veel gel erin. Hij had veel te veel aftershave op en hij had drie gouden tanden, met een tattoo van een draak in zijn nek, net als Jayson en Juanez.

Ik dacht dat ik met ze naar bed moest, maar dat hoefde niet, ik moest op de bank zitten en verder niks. De woonkamer was best gezellig ingericht. Er stonden een grote crèmekleurige loungebank en een glazen salontafel en er hingen overal foto's aan de muur van die Pepito samen met een kindje, zijn kindje blijkbaar. Hij had een kast met daarop een tv. De dvd-speler en de stereo stonden erin. Aan een andere wand hing een grote spiegel en voor de ramen hingen lamellen. Er stonden drie grote kamerplanten, van die planten die mijn moeder ook heel mooi zou vinden. Hij had wel smaak, voor een Antilliaan.

Iedereen zat op dezelfde bank, het was zo'n grote hoekbank, en zat een beetje te praten en te roken. Ik was heel erg gespannen over wat er nu weer zou gaan gebeuren. Manou zag dat en gaf me een joint. Opeens werd er op de deur geklopt. Romario stond op en deed open. Hij kwam terug de kamer met een lichtgetinte jongen met vlechtjes in, hij leek Zuid-Amerikaans, hij had een gouden tand en kwam heel zenuwachtig over.

'Let goed op, nu gaat het gebeuren,' zei Manou tegen mij, met een hele vieze glimlach op zijn gezicht. De jongen zei niks en Manou ging voor hem staan.

'Waar is mijn geld gebleven?' vroeg hij en keek de jongen boos aan.

'De jongen van wie ik het zou krijgen kwam niet opdagen,' probeerde de jongen, maar Manou onderbrak hem.

'Ik wil het niet weten, het boeit me niet, ik wil mijn geld op tijd krijgen. Zo niet, dan weet je wat er gebeurt,' zei Manou en knipte met zijn vingers.

Alle jongens stonden op en kwamen om de jongen heen staan zodat hij nergens meer naartoe kon. Manou pakte de jongen vast en sloeg hem in zijn gezicht, de jongen deed niks, gaf geen kik. Juanez pakte een lang touw, het leek op een waslijn, en bond de jongen vast. Django haalde uit een andere kamer een kooi waar een rat in zat. Romario haalde een metalen emmer. Ik keek ernaar en wist niet wat er ging komen, maar het zag er best wel eng uit.

De jongen werd op de grond gelegd met zijn armen en benen vastgebonden. Juanez ging bij zijn hoofd op de grond zitten en Django bij zijn benen. Manou kwam naast mij op de bank zitten en legde zijn hand op mijn been. De jongens hadden de jongen goed vast. Romario pakte de rat uit zijn kooi en gaf hem een kus op zijn snuit. Hij hield de rat bij zijn staart en liet hem boven het hoofd van de jongen slingeren.

'Laat die rat met rust, joh,' zei ik, ik schrok van mezelf. Manou keek me aan en pakte mijn bovenarm heel stevig vast.

'Hou je bek, slet en kijk goed, dit kan namelijk ook met jou of je moeder gebeuren als jij je mond opendoet tegen haar,' zei hij en begon te glimlachen. Ik was echt bang op dat moment. Romario zette de rat op de blote buik van de jongen en deed de emmer eroverheen. De man met de zonnebril pakte zo'n aansteker die je ook kan gebruiken om het gas aan te steken. Romario ook. De jongens keken Manou aan en wachtten af tot hij het teken gaf dat ze konden beginnen. Manou keek naar de jongen.

'Ik hoop dat je me zo kan vertellen waar mijn geld is gebleven,' zei hij en knipte met zijn vingers. Juanez deed een paar sokken in de mond van de jongen zodat hij niet kon schreeuwen, en zette muziek aan voor het geval hij toch herrie ging maken. De man met de zonnebril en Romario staken hun aanstekers aan en richtten ze op de emmer, zodat die heet werd.

'Ik heb dit ooit in een film gezien en ik wil even kijken of het echt werkt of niet,' zei Manou en gaf me een knipoog.

'Je bent gek,' zei ik en draaide mijn hoofd weg.

'Ja, ik ben compleet gestoord,' zei hij, pakte mijn hoofd vast en draaide het naar de jongens op de grond. 'Hier kan je van leren, schatje,' zei hij en lachte weer. De jongen op de grond begon te huilen, hij wou schreeuwen maar dat kon niet omdat die sokken in zijn mond zaten. Ik keek naar de jongen en zag hem helemaal rood worden. Ik begon te huilen en wou opstaan.

'Je blijft zitten en kijken naar wat er hier gebeurt, dit kan jou namelijk ook gebeuren als je niet naar me luistert,' zei Manou en ging staan. Hij ging boven die jongen hangen en begon hem uit te lachen. Daarna spuugde hij in zijn gezicht. 'Ga nog even door jongens, laat het hem maar voelen.' Romario en de man met de zonnebril hielden hun vlammen gericht op het onderste stuk van de emmer. Manou legde me uit dat de emmer zo heet wordt dat de rat in paniek raakt, want hij kan er niet uit. Het enige wat hij nog kan doen, is zich een weg naar buiten graven door de buik van degene op wie hij zit. Manou zei dat de rat op dat moment bezig was om een gang te bijten in de buik van de jongen om zo te kunnen ontsnappen.

Ik keek eerst naar Manou, daarna naar de jongen die op de grond pijn lag te lijden. Op dat moment knapte er iets in mijn hoofd, ik stopte met huilen en keek naar de jongen alsof ik een tv-serie aan het kijken was, het raakte me niet meer dat die jongen pijn had, dat Manou hem stond uit te lachen en dat de andere jongens het leuk vonden om Manou zo vrolijk en de jongen zo in paniek te zien. Ik zag ze lachen, ik zag de jongen op de grond pijn hebben, maar ik was zo ver weg in mijn eigen hoofd dat ik ze nog nauwelijks hoorde. Manou knipte met zijn vingers en de jongens doofden hun vuur. Juanez haalde de sokken uit de mond van de jongen. Zijn gezicht was betraand en zat helemaal onder het snot en de kwijl. Zijn ogen stonden heel groot en bang. Zijn handen werden losgemaakt en zijn voeten ook.

'Laat me maar zien wat de rat heeft gedaan,' zei Manou en Romario haalde de emmer weg. De rat rende meteen naar de andere kant van de kamer en moest heel erg piepen. De buik van de jongen zat onder het bloed en vol krassen en beten van de rat. Het bloed droop op de vloer en de jongen had in zijn broek geplast van angst.

'Kijk wat die viezerik met mijn vloer heeft gedaan,' zei Pepito.

'Dat komt later. Vertel me nu eerst maar waar mijn geld naartoe is,' zei Manou op een heel rustige toon.

'Ik moest mijn huur betalen, anders zou ik op straat komen te staan, en mijn moeder had me nodig, dus ik had benzine nodig,' zei de jongen met een trillende stem. Hij keek Manou aan en begon weer te huilen, hij zat helemaal te shaken op de grond. Juanez gaf hem een klap in zijn gezicht en zei dat hij zich niet aan moest stellen.

'Maria, haal uit de keuken een doek en maak zijn buik schoon met water,' zei Manou en pakte me bij mijn arm, hij duwde me in de richting van de keuken. Ik voelde niets meer en deed wat Manou zei. Ik liep naar de keuken en haalde een vochtige doek. Ik knielde naast de jongen neer en begon zijn buik schoon te maken. Elke keer dat ik zijn kapotte buik aanraakte, moest ie huilen. De doek was helemaal rood van het bloed en de krassen en beten waren helemaal opgezet, zijn shirt was helemaal nat van het zweet en zijn ogen stonden zo bang, ze waren zo groot, echt zielig. Maar ja, het was zijn eigen schuld, hij had Manou niet op tijd betaald, dat dacht ik toen tenminste.

'Je wil dus beweren dat je een paar duizend euro aan benzine en huur hebt uitgegeven? Waar is de rest gebleven, of moeten we de rat er weer bij halen?' zei Manou en ging op de bank zitten. Hij stak een joint op en keek de jongen aan.

'Ik weet het niet, Manou, alsjeblieft, je moet me geloven, die jongen is niet komen opdagen dus ik had niet al het geld, laat me gaan alsjeblieft, ik heb je geld niet, echt niet,' zei de jongen en probeerde op te staan.

Manou begon te lachen.

'Ben je bang?' vroeg ie.

'Ja, tuurlijk ben ik bang,' zei de jongen.

Juanez, Django, Romario, Pepito en de man met de zonnebril stonden op en gingen op de bank zitten. Ik stond nog naast de jongen. Manou wenkte me en ik moest bij hem op schoot zitten. Dit hele gebeuren deed me denken aan een maffiafilm, alsof elk moment een regisseur kon zeggen dat we konden stoppen om pauze te nemen, maar niemand zei dat, het was geen film, dit was echt, maar zo onwerkelijk. Mijn hoofd was leeg, ik zat daar maar op de schoot van Manou.

Wat ze verder allemaal hebben gezegd en hoe die jongen nou is weggegaan, weet ik niet meer, ik zat op dat moment veel te veel in mijn eigen wereld, ik voelde me veilig bij Manou op schoot. Manou deed me niks zolang ik maar luisterde, dat gaf me een veilig gevoel, echt heel raar. Ik wist diep vanbinnen wel dat dit helemaal fout was en dat ik er echt weg moest, weg van Manou, maar iets hield me tegen, ik denk mijn angst voor Manou en wat hij allemaal kon doen.

En tegelijkertijd was ik een soort marionet die door Manou werd bespeeld. Als hij wou dat ik ging zitten, deed ik dat, als hij wou dat ik ging lachen, deed ik dat, als hij wou dat ik ging dansen voor hem en zijn vrienden deed ik dat. Ik kon niet meer zelf nadenken, ik had geen eigen mening, ik wist niet eens welke kleur ik mooi vond, wat voor eten ik lekker vond, wat voor muziek ik leuk vond, als Manou een kleur mooi vond, vond ik dat ook.

Na die dag had ik echt schijt aan alles. Nikki zag ik nog af en toe als ik een keer op school kwam om een toets te maken, want Manou wou wel dat ik bij elk rapport voor alles minstens een vijf stond. Verder deed ik wat Manou wou. Ik ronselde meisjes voor hem, ging met mannen naar bed voor geld en bracht pakketjes voor hem weg of haalde ze op. Ik ging steeds vaker naar de coffeeshop voor een joint en ik kreeg ook andere drugs in mijn drinken, maar ik weet niet wat dat was.

Manou ging vaak naar het buitenland voor zaken, dan paste Juanez op mij, hij was best aardig, soms hoefde ik van hem niet te werken, dan gingen we naar de McDonald's en hadden we best wel lol samen. De andere jongens begonnen me ook meer te accepteren en het was soms best gezellig, maar als er gewerkt moest worden, waren ze weer gemeen en eng.

Ik was niet de enige die moest werken, de jongens ook. Zij moesten meisjes ontmaagden (dat was voor de meesten niet echt een probleem), versieren, verkopen, drugs dealen, wapens verhandelen, geld binnenhalen als jongens niet op tijd betaalden; alles wat Manou van ze vroeg, zonder te zeuren. Ze moesten ervoor zorgen dat er ramen voor de meisjes vrijkwamen in Rotterdam, Amsterdam of Den Haag, ze moesten mee naar tippelzones en ze moesten ervoor zorgen dat de politie op veilige afstand bleef bij alles wat ze deden.

Manou was vaak heel druk en ik was eigenlijk elke dag, de hele dag bij hem, ik moest hem helpen met alles. De financiën, meisjes, drugs, valse paspoorten laten maken, jongens over laten komen vliegen en ophalen bij het vliegveld enzovoort. Hij zei dat hij mij kon vertrouwen en hij zei ook heel vaak dat hij blij was dat ik nog steeds bij hem was. Thuis was het nog steeds hetzelfde, tussen mijn moeder en mij waren er elke dag wel irritaties of iets anders en mijn zusje had nog steeds iets met het broertje van een van die jongens.

Ik weet nog wanneer Nikki verliefd werd op Juanez. Ik liep met haar weer eens in de stad, voor het eerst in lange tijd. We liepen over het Broodplein, waar ze net bezig waren om de markt op te ruimen. Het rook er nog naar gebakken nootjes en warme broodjes. We liepen achter de markt langs naar de coffeeshop. Ik haalde een joint voor mezelf en een sigaret voor Nikki.

'Ik rook niet, Mari,' zei ze. Ze wou de sigaret niet aanpakken.

'Vanaf nu wel,' zei ik en gaf de sigaret aan Nikki terwijl ik om me heen keek of ik iemand zag die ik kende en of er misschien politie aankwam.

'Je bent echt veranderd, Maria, wat is er met je gebeurd joh, je kan het mij toch wel vertellen?' zei Nikki en stak de sigaret op.

'Zie je, je rookt wel, je hoeft niet te hoesten,' zei ik en liep verder. Nikki kwam achter me aan en wou nog steeds weten wat er met me aan de hand was. Ik zei niks tegen haar over Manou en alle dingen die ik moest doen. Nikki kennende zou ze haar mond niet kunnen houden. Uiteindelijk zou dat mijn redding zijn, maar daar ben ik nog niet. We liepen naar de bankjes achter de kerk, daar gingen we zitten. Ik stak mijn joint op en Nikki rookte de sigaret.

'Mag ik je legitimatiebewijs even zien?' hoorde ik opeens een stem achter me. Ik schrok me dood. Ik draaide me om en zag een politieagent staan. Nikki werd bang en deed meteen haar sigaret uit. Ik keek de man aan en draaide me weer om, ik was stoned en had nauwelijks door dat er iemand stond.

'Ik kan je ook gewoon meenemen hoor,' zei de politieagent en kwam voor me staan.

'Ze is mijn zusje, ik neem haar wel mee,' hoorde ik Juanez' stem ineens. Nikki pakte mijn arm en we gingen staan.

'Weet je wel dat je zusje aan het blowen is? Hoe oud is ze eigenlijk?' vroeg de politieagent.

'Maak je geen zorgen over haar, ze weet wat ze voor straf gaat krijgen nu,' zei Juanez en pakte mijn arm vast.

'Laat ik dit niet weer zien,' zei de man en liep weg.

'Nikki, kom mee,' zei ik en liep met Juanez mee die nog steeds mijn arm vast had. We gingen naar zijn auto en stapten in. Nikki wist niet wat haar overkwam.

'Ik weet niet hoor, maar dat was politie,' zei ze toen we wegreden.

'Ja,' zei ik en keek uit het raam. Ik zag mijn moeder fietsen, gelukkig zag ze me niet. We reden naar de Antilliaanse wijk met de flats.

'Dit is net een Flodderbuurt,' zei Nikki en keek om zich heen alsof ze voor het eerst in haar leven een achterbuurt zag. Juanez keek haar aan en moest lachen, waardoor Nikki rood werd en bij mij kwam staan. We liepen een huis in waar Juanez vaak bleef slapen. Hij zei dat dit huis van een junk was, maar omdat hij vaak in de stad moest zijn en zijn eigen huis in Stenenmuur-Oost stond, was dit wel een handige oplossing. We gingen naar de woonkamer. We liepen langs de keuken waar de junk zat te snuiven. Hij keek even omhoog om ons te begroeten en ging weer verder.

Het was een lange, dunne blanke man met lang bruin haar. Hij had een hemd aan en een oude korte broek. Zijn armen zaten onder de plekken van het spuiten. En zijn benen en voeten ook.

Nikki pakte mijn arm vast, ze was bang. In de woonkamer gingen we op de bank zitten. Aan de bordeauxrode muren hingen een paar schilderijen, die kwamen uit Chili, van zijn moeder zei Juanez. Hij had in de hoek een grote lamp staan met allemaal armen eraan, aan elke arm zat een wit stoffen kapje, heel apart. In het midden stond een glazen salontafel met een tijger die omhoog leek te klimmen. Aan de muur tegenover de bank hing een grote spiegel en hij had nog geen gordijnen, daarom waren zijn ramen dichtgeplakt met kranten.

'Ik ga even wiet halen aan de overkant, maak je geen zorgen over gekke Harry, die is nu zo stoned dat hij niet meer kan staan,' zei Juanez en liep de deur uit.

'Ik wist niet dat je met zulke enge jongens omging, ik vond Manou al eng, maar deze zijn ook niet echt lekker,' zei Nikki en keek bang om zich heen.

'Maak je geen zorgen, er gebeurt niks, weet je nog toen ik je belde en dat we afspraken omdat ik een leuke jongen voor je wist? Dat was deze jongen, Juanez, hij vond je wel spang en wou met je afspreken, maar toen had je huisarrest,' zei ik terwijl ik een sigaret opstak.

'Hij is wel mooi,' zei Nikki en ik keek haar verbaasd aan.

'Net zei je nog dat hij eng was en dit is toch helemaal niet je type,' zei ik en ik hoopte echt dat ze hem niet leuk ging vinden. Ik ook met mijn stomme hoofd! Moest ik weer zeggen dat hij haar wel zag zitten.

'Hij kan toch mijn type worden?' zei Nikki en keek naar de deur toen ze die hoorde opengaan.

'Blow jij ook?' vroeg Juanez aan Nikki die opeens heel erg haar best ging doen om mooi te zitten. Ik keek Juanez aan en hij gaf mij het zakje wiet en wat lange vloei. Ik begon drie joints te draaien. Juanez ging naast Nikki zitten.

'Ben je zenuwachtig?' vroeg Juanez en hij gaf haar een veel te lieve glimlach. Nikki werd er rood van. Ik gaf Juanez zijn joint en stak die van mij ook op. 'Ik ga je leren hoe je moet blowen,' zei Juanez tegen Nikki die ernaar zat te kijken met een vies gezicht. Juanez stak een joint op en gaf hem aan haar. Ze nam een hijs en zei dat ze zich meteen duizelig voelde. Ik moest erom lachen want het zag er echt niet uit. Er werd aangebeld, ik moest open doen van Juanez. Ik liep naar de voordeur en zag aan de schim achter de deur al dat het Manou was. Ik liet hem binnen en ging weer in de woonkamer op de bank zitten.

'Wat doet zij hier?' vroeg Manou toen hij Nikki op de bank zag zitten met een joint in haar hand. 'En sinds wanneer blowt ze?' Manou keek naar Nikki alsof ze een besmettelijke ziekte had. 'Kunnen Maria en ik ergens even rustig zitten, we moeten wat doorspreken,' zei hij en keek Juanez aan die heel erg bezig was met Nikki, die die aandacht maar al te leuk vond.

'Ga maar naar boven, naar mijn slaapkamer,' zei Juanez en bleef Nikki aankijken. Ik stond op en liep naar boven. Manou kwam achter me aan.

Manou had weer een 'briljant' idee, hij vond dat het tijd werd dat hij mijn moeder leerde kennen. Ik verklaarde hem voor gek, maar hij had alles al uitgedacht. Hij zou zich voordoen als mijn vriendje en zo zou hij bij mij thuis kunnen komen. Waarom hij mijn moeder zo nodig wou leren kennen wou hij niet zeggen.

'Als je mijn moeder kan laten geloven dat jij mijn vriendje bent, ben je echt goed, ze heeft de toneelschool gedaan, ze weet precies wanneer je toneelspeelt,' zei ik.

'Ze weet toch ook niet dat je elke dag bij mij bent en niet op school, dat is toch ook toneelspelen? Kun je nagaan hoe snel ze mij gaat geloven, ik doe dit werk langer dan jij,' zei Manou en haalde een vel papier uit een map. Hij gaf het aan mij. Zijn leeftijd, afkomst en verleden stonden erop. Ik moest het uit mijn hoofd leren, zodat het geloofwaardiger overkwam op mijn moeder. Hij wou ook dat ik alles wat hij nog niet van me wist, eigenlijk alles dus, voor hem opschreef, zodat hij ook wat van mij wist. Ik vond het nog steeds geen goed idee, maar ik zag dat hij een beetje geïrriteerd raakte als ik dat steeds zei, dus hield ik verder mijn mond maar.

Toen Manou klaar was met het uitleggen van zijn 'geweldige' plan liepen we naar beneden. Ik deed de woonkamerdeur open en zag Nikki zoenen met Juanez. Ze zat op zijn schoot en ze zaten gewoon te zoenen. Ik liep naar Nikki toe en gaf haar een klap op haar hoofd. Daardoor raakte haar tand de lip van Juanez en kreeg hij een bloedlip. 'Vieze hoer, ben je jaloers of zo, dat zij mij wel kan krijgen en jij niet,' zei Juanez kwaad. Hij duwde Nikki van zich af en ging voor me staan.

'Je laat haar met rust, ik laat het echt niet gebeuren dat zij straks ook moet gaan werken en jaloers, alsjeblieft zeg, ik kan tien keer beter krijgen dan jij,' zei ik terwijl Juanez het bloed van zijn lip met zijn hand wegveegde.

'Doe rustig allebei, ga zitten,' zei Manou en ging tussen ons in staan.

'Waar bemoei je je mee en wat bedoel je met werken, ben je hoer of zo, is dat waarom je zo raar doet?' zei Nikki, die met een tegelijkertijd bang, verbaasd en stoned gezicht op de bank zat. We keken alle drie tegelijk naar Nikki.

'Nee natuurlijk niet, gek,' zei ik en keek Manou aan.

'Haha, grapjas,' zei Manou en wist even niet hoe hij dit verder moest oplossen.

'Met werken bedoelde ze gewoon werken,' zei Juanez en keek Manou aan.

'Ja,' zei ik.

'Wil je ook "werken"? Ik heb nog wel een vacature open hoor,' zei Manou en maakte met zijn vingers een haakjesbeweging toen hij het woord werken zei. Nikki zei niks meer en keek voor zich uit. Manou maakte een gebaar met zijn handen alsof hij ons allebei wou slaan. Ik keek Juanez aan en stak mijn middelvinger op, hij deed hetzelfde, echt kinderachtig, maar ja.

'Nikki, kom, we gaan,' zei ik en pakte haar hand. 'Wat is er nou aan de hand, je kan me heus wel vertrouwen hoor,' zei ze en keek naar Manou.

'Je moet je er niet mee bemoeien Nikki, dit is niks voor jou,' zei Manou en ging met Juanez op de bank zitten.

'Mag ik je nummer nog? Dan kunnen we misschien een keer iets afspreken,' zei Juanez met een heel lief stemmetje. Hij keek Nikki aan alsof hij heel erg verliefd op haar was.

'Tss, haar nummer, alsof ze nog met een loser als jij wil afspreken,' zei ik en ging vast in de gang staan, anders zou ik weer gaan schreeuwen tegen hem.

'Je bent gewoon jaloers, kan ik me wel voorstellen hoor, jij moet het met Jayson doen,' hoorde ik Juanez nog zeggen.

'Hou je bek idioot, jij bent degene die altijd alle afdankertjes krijgt van Manou en er nog tevreden mee bent ook!' schreeuwde ik vanuit de gang, ik kon het toch niet laten om te gaan schreeuwen.

'Wat zei je? Ik loop altijd met de mooiste meiden van de stad rond! Jij bent degene die trots is als je Jayson en Giorgio naast je hebt lopen!' zei Juanez en hij stond al in de deuropening.

'Zo, je hebt echt lef om dat te zeggen, jij bent niks joh, je stelt helemaal niks voor en binnenkort ben ik ook nog eens degene naar wie jij moet luisteren,' zei ik en had al een paar stappen in zijn richting gedaan alsof ik zou aanvallen.

'Hou jullie mond allebei, jullie zijn echt een stelletje kleuters bij elkaar,' zei Manou en ging tussen mij en Juanez in staan. 'Echt hoor, en dat zit in mijn team, jullie horen samen te werken, jullie hebben elkaar nodig en nu krijg ik dit gezeik,' zei hij en hij keek geïrriteerd naar ons.

'Wat is dit voor iets waar je in zit, Maria, ik wil het weten anders ga ik naar je moeder hoor,' zei Nikki die natuurlijk onze ruzie had meegekregen. Ze snapte er niks van en als ze iets wou weten wat niet mocht, ging ze chanteren en het lastige was dat ze echt naar mijn moeder zou gaan als ik niet zei wat er aan de hand was, ik wist even niet wat ik moest doen en keek naar Manou.

Hij gaf me een knipoog als teken dat hij het wel even zou regelen.

'Luister Nikki, ik heb je al gezegd dat dit niks voor jou is, je moet hierbuiten blijven,' zei Manou en kwam op Nikki af lopen die steeds dichter bij mij kwam staan. Manou pakte haar bij haar hand en nam haar mee naar de keuken.

'Nou is ie boos op ons allebei,' siste Juanez boos naar me toen Manou met zijn rug naar ons toe stond.

'Hij is helemaal niet boos en als hij dat al is, is hij dat op jou,' siste ik terug terwijl ik naar Manou keek die met Nikki aan het praten was. Hij haalde een mes uit zijn zak en zwaaide ermee voor haar hoofd.

'Hoe zou je het vinden als ik je met dit mes bewerk, niet leuk lijkt me, of wel?' vroeg Manou aan Nikki, die even niet wist wat haar overkwam. 'Je zegt niks tegen Maria's moeder, je houdt je bek en je vergeet wat je net hebt gehoord en gezien. Je bent nooit in dit huis geweest en je kent mij en Juanez niet. Hou je je niet aan wat ik je net zei, dan snij ik je tong eraf, bak hem in knoflooksaus en geef hem te eten aan je ouders,' zei Manou, en hij draaide zich om en liep naar de woonkamer. Juanez en ik keken elkaar aan en Juanez glimlachte naar me.

'Geen ruzie meer, oké?' zei hij en gaf me een knuffel. Ik keek hem aan en wist dat dit het beste was om te doen, want als we ruzie bleven houden zou Manou boos worden.

'Gaat het, schatje?' vroeg Juanez aan Nikki en gaf me een knipoog. 'Begin niet weer hoor!' zei ik en keek Juanez aan die moest lachen. 'Ga nou maar,' zei hij en liep naar de woonkamer waar Manou zat.

Nikki kwam naar me toe en we liepen de deur uit, in de richting van de stad. Ik zei nog tegen haar dat ze niets met Juanez moest beginnen, maar dat hoorde ze natuurlijk niet, ze was nog helemaal in shock van wat er net gebeurd was en ze was nog steeds verliefd op Juanez, dacht ze. We kwamen Jayson nog tegen in de stad, ik zou de volgende dag met hem een afspraak hebben, zei hij, maar dat zou Manou me nog wel vertellen. We zouden namelijk naar Rotterdam gaan.

'Dushi, morgen ga je zien hoe wij het doen,' zei Jayson en pakte me weer vast bij mijn kont om zijn neukbewegingen te maken. Ik schaamde me niet eens meer als mensen keken naar wat hij aan het doen was. Ik heb verder niet meer met hem gepraat en ging aan het eind van de middag naar huis.

De volgende dag ging ik dus naar Rotterdam. Ik ging om acht uur weg, net als altijd zogenaamd naar school. Ik werd door Manou opgewacht op de parkeerplaats. We reden naar Rotterdam, ik zou niet weten waarnaartoe, want ik ken het helemaal niet daar en ik was zo stoned dat ik nauwelijks mijn ogen open kon houden. Onderweg daarnaartoe kreeg ik veel joints van Manou, hij wou niet dat ik de weg zou onthouden. In Rotterdam gingen we ergens in een flat naar een jongen toe. Wat ik me van die dag kan herinneren is dat het stonk naar pies toen ik de auto uitstapte. Ik kan me ook nog herinneren dat het in de flat stonk naar vuilnis en pies en in het huis waar we naartoe gingen rook het naar wiet en naar rijst met kip. De jongens die daar woonden kan ik me niet precies herinneren, soms droom ik nog over die dag, dan zie ik alleen maar vage schimmen. Ik weet helemaal niet meer hoelang ik daar was, wat we hebben gedaan en hoe ik uiteindelijk weer thuis kwam, maar ik werd de volgende dag wakker in mijn eigen bed.

'Voel je je al wat beter?' vroeg mijn moeder toen ik beneden kwam. Ik keek haar aan en had geen idee waar ze het over had.

'Toen je gister thuis kwam zag je er niet uit, je had knalrode ogen en je zweette helemaal, ik heb je naar bed gestuurd en ik heb vanmorgen je school gebeld om te zeggen dat je niet komt,' zei ze en keek me aan vanaf de keukentafel waar ze zat. Ik schrok, ik dacht dat de school wel zou hebben gezegd dat ik al vanaf dag een niet was komen opdagen.

'Hier, ga maar zitten, ik maak wel wat thee voor je,' zei ze en ging staan om water op te zetten. Ik had echt hoofdpijn en ik had al drie oproepen gemist, ik moest naar Manou toe, anders zou hij boos worden.

'Zullen we vandaag iets leuks gaan doen? We zijn weer eens met zijn tweeën, want Sharon komt pas na het eten thuis,' zei mijn moeder terwijl ze het hete water in een kopje goot.

'Nee, ik wil vandaag naar Nikki toe,' zei ik. Mijn moeder had een teleurgestelde uitdrukking op haar gezicht.

'Oké, als je dat leuker vindt, moet je dat doen, dan zie ik je vanavond wel weer. Kom je wel thuis eten of is dat ook te veel gevraagd?' vroeg mijn moeder op een sarcastische toon. Ik zei niks en liep naar boven om me aan te kleden. Toen ik op mijn kamer kwam, begon ik heel hard te huilen. Ik zou zo graag iets leuks met mijn moeder doen, ik zag haar nooit meer en we hadden heel vaak ruzie. Ik keek naar mezelf in de spiegel.

'Wat is er met me gebeurd?' vroeg ik aan mezelf. Ik wou dit niet meer, ik wou niet meer naar Manou en al die vrienden van hem. Ik liep naar beneden en zei tegen mijn moeder dat ik toch met haar iets wou doen die dag.

We gingen naar de stad, dat was volgens mij niet de slimste zet. Ik kwam alle vrienden van Manou tegen, ze begonnen me allemaal te bellen en later kwam ik Manou ook nog tegen. Ik deed alsof ik hem niet zag, hij stuurde me een sms dat ik die avond maar beter naar hem toe kon komen, anders zou hij echt boos worden. Mijn moeder en ik hadden het best gezellig in de stad, ik kreeg nieuwe schoenen en een paar kleren. Allemaal van de uitverkoop natuurlijk. Even was ik vergeten wat er de laatste tijd allemaal was gebeurd.

'Vind je het goed als ik nu even langs Nikki ga, dan ben ik vanavond thuis?' vroeg ik aan mijn moeder toen we bij de fietsen stonden.

'Is goed, ik vond het gezellig en ik zie je vanavond wel,' zei mijn moeder en lachte naar me. Ik lachte terug en liep weg. Ik kreeg tranen in mijn ogen toen ik de hoek om was en Manou zag staan bij de kerk. Ik liep zo langzaam mogelijk naar hem toe.

'Wat ga je met je moeder naar de stad, bitch?' zei Manou en pakte mijn arm. Ik zei niets, ik had al mijn gevoel alweer geblokkeerd, net als altijd als ik bij Manou was. Hij nam me mee naar zijn auto en we reden naar zijn huis. Hij zei de hele weg niks en deed de muziek heel hard aan, de hele auto dreunde. In zijn huis moest ik op de bank zitten en stil zijn.

'Er komt zo een man op bezoek uit Amerika, er komen ook

een paar van mijn vrienden uit Rotterdam, die heb je al eens gezien. Ik weet niet of je ze je nog kan herinneren, maar die komen. Er komen ook nog een paar andere meisjes. Ik wil dat jij helpt ze op te maken, zij maken jou ook op en je krijgt kleren die je aan moet trekken. Jij hoeft verder niks te doen, alleen bij mij komen zitten en mooi zijn. De meisjes gaan dansen en nemen de man uit Amerika mee naar een kamer om te ballen. Hij heeft van mij gehoord en wil graag zaken met me doen, dus als hij deze meisjes goed vindt, zal ik er een paar voor hem uitzoeken die hij mee kan nemen,' zei Manou.

Ik keek hem aan maar ik zei niks, hij zou gewoon een paar meisjes verkopen aan die man. Ik wist dat hij gek was, maar dat hij meisjes verkocht aan mannen, dat wist ik niet.

Er werd op de deur geklopt, Manou deed open en er stonden drie meisjes voor de deur.

'Daar zit Maria, je weet wel, waar ik al eens over heb verteld,' zei Manou en liet de meisjes naar de woonkamer lopen. Het waren drie Antilliaanse meisjes. Ze waren alle drie best dun met een hele dikke kont, ze hadden heel lang ingevlochten haar met nephaar erdoorheen. Ze hadden alle drie een strakke spijkerbroek aan en hoge zwarte laarzen eroverheen. Ze hadden strakke truitjes aan en ze zagen er echt bitcherig uit.

'Ik ben Esmeralda en dit zijn Rolanda en Sue-Angel,' zei Esmeralda en keek me aan met een arrogante blik.

'Ik ben Maria,' zei ik en keek net zo arrogant terug. De meisjes liepen naar de badkamer om zich om te kleden.

'Kom dan, jij moet toch ook in de make-up?' zei Esmeralda en gaf Manou een knipoog.

'Ga, Mari, het komt wel goed,' zei Manou en ik liep met tegenzin de badkamer in. Ze stonden alle drie halfnaakt voor de spiegel kleren voor te houden en make-up op te doen. Ze waren druk aan het praten in het Papiamento. Esmeralda zette me op een kruk en Rolanda begon me op te maken. Ik werd echt heel zwaar opgemaakt. De kleding die ze voor me uitzocht was voor mijn gevoel veel te bloot. Een heel kort zwart rokje met hoge laarzen, een doorzichtig zwart met rood truitje met daaronder een zwarte bh met allemaal diamantjes erop. Mijn haar vlochten ze voor een deel in en de rest lieten ze los, als laatste kreeg ik grote zilveren ringen en een ketting om en oorbellen in. Toen mocht ik weg, terwijl zij nog bezig waren, ik hoefde ze niet te helpen met hun make-up. Manou keek me raar aan toen ik de kamer in liep.

'Mijn hemel, je bent net een echt hoertje, goed zo,' zei hij en hij moest lachen. Ik voelde me heel erg ongemakkelijk. Manou had de kamer helemaal aangepast. De salontafel was weggehaald, die had ie bij de buurjongen neergezet. De banken stonden naast elkaar en zijn bed was netjes opgemaakt, er stond zelfs rustige R&B op, alsof hij een date had. Er werd weer op de deur geklopt.

'Doe jij even open?' vroeg Manou, hij stond in de keuken drank klaar te zetten voor zijn gasten. Ik deed de deur open en zag als eerste Jayson staan. Hij kwam voor me staan en begon me in mijn kont te knijpen.

'Vieze hoer,' fluisterde hij zachtjes in mijn oor, daarna gaf hij me een kus op mijn wang en liep door. Er stonden nog twee jongens. Twee negers, de ene had heel lange rastaharen, de ander was kaalgeschoren. Ze hadden allebei een draak in hun nek en twee gouden tanden. Ze leken best op elkaar.

'Ken je ons nog, dushi?' zei de rastajongen. Ik keek hem aan maar kon me hem niet herinneren. 'Nee, sorry,' zei ik en liet de deur open zodat ze erin konden. De jongens liepen door en gingen bij Jayson op de bank zitten.

'Je ziet er spang uit, schatje, beter dan die andere keer dat ik je zag, ik wil je best nog een keer op bezoek hebben,' zei de jongen met de lange rasta. Ik keek hem met een bitcherig gezicht aan en draaide me om. Ze begonnen in het Papiamento te praten.

Manou werd gebeld en begon in het Engels te praten. Hij liep naar de deur en er stond een hele grote, brede donkere man voor de deur. Hij had een zonnebril op, maar deed die voor hij binnenkwam af. Hij en Manou waren druk aan het praten. De man liep de kamer in en ging in het midden staan. Hij had een zwarte leren jas aan, een laaghangende spijkerbroek en zijn haar was in allerlei figuurtjes gevlochten, het zag er best mooi uit. Hij had geen gouden tand, voor de verandering, maar wel drie traantjes bij zijn rechteroog getatoeëerd. Hij had grote gouden ringen om, een dikke gouden ketting en twee gouden oorknopjes in één oor. Hij ging op de bank zitten en Manou stelde ons allemaal aan hem voor. De man zei niks en knikte alleen maar. Manou deed de gordijnen dicht en een heel klein lampje aan, zodat het schemerig werd in de kamer. Hij gaf iedereen wat te drinken en ging naast de man zitten, ik moest op zijn schoot komen zitten. De man legde meteen zijn hand op mijn knie, ik kreeg er kippenvel van.

Manou riep naar de meisjes in de badkamer dat ze mochten komen en hij zette een ander soort muziek – reggaeton – hard aan met de afstandsbediening die hij in zijn hand had. De muziek begon en de meisjes kwamen de badkamer uit. Ze hadden alle drie alleen maar lingerie en lange laarzen aan, en veel make-up op. De man ging er goed voor zitten en begon al bijna te kwijlen. De meisjes begonnen te dansen op de schoot van de man en van Jayson en de andere jongens. De man pakte een kaars en liet kaarsvet over een van de meisjes heen druppelen, hij liet haar zijn jas uitdoen en de meisjes mochten aan zijn piemel zitten, die half uit zijn broek hing, maar zijn broek mocht niet uit. Na ongeveer een halfuur namen ze de man mee naar de badkamer.

Manou en de andere jongens begonnen te lachen.

'Die heb je binnen,' zei Jayson zachtjes tegen Manou, die heel vrolijk was en mij een kus gaf uit het niets. Ik vond het maar vreemd, maar deed alsof ik precies wist wat er aan de hand was.

'Het is jullie gelukt, gefeliciteerd, kleed je maar weer aan, dan krijgen jullie je geld,' zei Manou tegen de meisjes toen de man weer weg was. Manou had blijkbaar een deal, want hij was voor zijn doen best blij. De meisjes waren klaar en kwamen naar Manou om hun geld te halen. Ze kregen alle drie tweehonderd euro.

'Dank je, Manou, bel me als je nog eens iets hebt. En jou zie ik vast nog wel een keer,' zei Esmeralda tegen mij en liep met de andere twee meisjes de deur uit.

'Kleed je om en kom dan hier, we moeten wat bespreken,' zei Manou en draaide zijn rug naar me toe. Ik keek Jayson aan, die zei niks en keek alleen maar een beetje dom voor zich uit. Ik ging naar de badkamer om alle make-up van mijn gezicht af te halen en mijn normale kleren weer aan te doen. Toen ik de badkamer uit kwam waren Jayson en de anderen al weg, gelukkig. Manou zat op de bank met een glaasje drinken op me te wachten.

'Wat heb je vandaag nog te doen?' vroeg hij en wenkte dat ik naast hem moest komen zitten.

'Niet veel, ik moet voor Juanez nog zo'n meisje naar zijn huis brengen en ik moet nog een pakketje bij Romario bezorgen. Dat was het wel,' zei ik en keek naar de grond.

'Je bent goed bezig, goed zo, ik heb nog iets wat je voor me moet doen, ik ga vanavond met je mee naar huis, je stelt me voor aan je moeder en zegt dat ik je vriend ben. Weet je nog dat we het erover hebben gehad? Dat gaat vandaag dus gebeuren,' zei hij en nam een slok. 'Ga maar doen wat je moet doen, dan zie ik je vanmiddag om vijf uur voor de kerk, dan gaan we naar je huis.' Ik stond op en liep de deur uit.

Ik ging naar het station waar ik de trein terug naar Stenenmuur nam. Daar ging ik naar het huis van Juanez, die al op me stond te wachten. Ik ging met het pakketje naar de stad, waar een meisje op me wachtte. Ik had haar eerder gezien, maar ik kon me niet meer herinneren waar. Zij blijkbaar wel, want ze begon hele verhalen tegen me op te hangen. Als je me nu zou vragen hoe ze eruitzag, zou ik het niet weten, ik was helemaal niet met haar bezig. Ik bracht haar naar Juanez, die inmiddels weer ergens anders in de stad stond te wachten. Daarna ging ik naar de coffeeshop voor een joint en ging door naar Romario om dat pakketje af te leveren.

Hij gaf me een handtasje dat ik naar de man met de zonnebril moest brengen. Ik zei tegen hem dat ik van Manou niet met hem om mocht gaan, maar dat maakte hem niet uit. Hij gaf me de helft van de joint die hij aan het roken was, om me nog even iets stoneder te krijgen. Ik kon nauwelijks normaal fietsen, ik slingerde over de weg. Ik ging naar Stenenmuur-Oost, naar het parkje waar die man vaak was. Hij zat op het bankje naar meisjes te kijken die daar op het gras zaten te spijbelen. Ik ging naast hem zitten en gaf hem de handtas. Hij pakte hem aan en zei dat ik iets voor hem naar Django moest brengen, maar dat lag nog thuis, dus moesten we naar zijn huis.

Ik mocht van Manou niet alleen zijn met die man, dus ik stond op en liep weg. Hij kwam achter me aan en pakte me vast bij mijn arm.

'Je gaat mee dushi, ik wil alleen dat je wat voor me doet en daarna mag je weer weg,' zei hij. Ik kon zijn ogen niet zien omdat hij zijn zonnebril op had, maar ik voelde dat ie naar me keek. Ik kon me losrukken omdat die man hartstikke onder de drugs zat, en liep weg. Toen hij begon te roepen, begon ik te rennen, naar mijn fiets, terug naar de stad, naar Manou... alleen Manou kwam niet opdagen. Later bleek dat hij was opgepakt.

Ik wist even niet meer wat ik moest doen, nu Manou was opgepakt. Wie nam het nou van hem over? Naar wie moest ik gaan als er iets misging? Waar moest ik nou mijn pakketjes ophalen en wie gaf me nu opdrachten? Zonder Manou was ik nergens, dacht ik. Ik kon me nog herinneren dat hij tegen me had gezegd dat het de bedoeling was dat ik het van hem over zou kunnen nemen als er iets aan de hand was of als hij plotseling verdween, wat wel vaker voorkwam. Het enige wat er op dat moment in me opkwam om te voorkomen dat ik helemaal in paniek raakte, was naar Juanez te gaan.

Toen eenmaal bekend was dat Manou was opgepakt, kwamen heel veel jongens naar mij toe als er iets aan de hand was. Gelukkig wou Juanez me helpen om de hele business van Manou op gang te houden en voor ik het wist, was ik degene die ervoor zorgde dat de jongens geld kregen, er kwamen veel jongens die ik nog niet kende, jongens uit Rotterdam en Amsterdam, hele enge jongens, maar ze hadden allemaal 'respect' voor me en niemand durfde me aan te raken.

Juanez en ik hielden de administratie bij, Bassim was heel goed in wiskunde, dus hij deed de kas. Hij was best aardig als je samen met hem aan het werk was, in plaats van dat je zelf zijn werk was, als je begrijpt wat ik bedoel. Ik moest paspoorten regelen als er een jongen helemaal in paniek naar me toe kwam en nog diezelfde dag het land uit moest en als ik pech had, moest ik bij sollicitatiegesprekken zitten, als er nieuwe jongens aangenomen moesten worden.

Het ging best goed, het was heel druk maar wel gezellig met Juanez en Bassim. We hebben ondanks alle stress best veel lol gehad met zijn drieën. Ik had geen tijd om naar school te gaan om Nikki te zien of voor wat dan ook. Nu snapte ik pas waarom Manou vaak zo moe was. Hij deed nog veel meer, hij reed meisjes naar adressen en moest overal op bezoek om dingen te regelen en iedereen kwam naar hem toe als er ook maar iets aan de hand was. Hij had natuurlijk ook zijn mannetjes die dat allemaal konden regelen, maar als er beslissingen moesten worden genomen, was Manou degene die dat moest doen. Ik had Juanez daar gelukkig voor.

Een paar weken waren snel voorbijgegaan en Manou was nog steeds niet terug. 'Bassim, is al het geld binnen?' vroeg ik aan Bassim, die het geld aan het tellen was. We zaten bij hem thuis, omdat Juanez een 'sollicitatiegesprek' had met een jongen uit Den Helder die ook wel voor Manou wou werken, dus we konden niet bij hem zitten.

'Er mist niks, we hebben best een goede maand gehad, meer dan vorige maand,' zei Bassim en deed het kasboek dicht. 'Even pauze hoor,' zei hij en stak een joint aan. 'Dit spul moet jij ook nemen, je hebt het volgens mij al heel vaak gehad, maar het werkt echt goed,' zei hij en hield me de joint voor. Er zat wiet in met een beetje cocaïne erdoor, dat heette 'white snow'.

'Volgens mij is dit niet echt de tijd om een pauze te nemen,' hoorden we ineens Manous stem achter ons. Hij stond in de deuropening, met Juanez en nog een jongen.

'Dit is Jury, hij werkt vanaf nu ook voor ons. Bassim, jij werkt hem vandaag in. Maria, bedankt voor alles, ik neem het weer over. Ga jij maar even naar Nikki, dat heb je wel verdiend. Juanez, jij brengt haar en haalt haar weer op, dan zet je haar bij haar fiets af zodat ze naar huis kan. Daarna zijn jullie vrij voor deze week, ik heb even tijd nodig om na te denken, jullie mogen gaan,' zei Manou en ging liggen op Bassims matras. Ik ging naast Manou liggen en gaf hem een knuffel, ik schrok er zelf van en Manou ook.

'Ik heb je echt gemist,' zei ik. Manou keek me aan en glimlachte naar me, op een manier die ik nog niet van hem kende. Ik stond op en liep weg zonder verder nog om te kijken.

'Ik jou ook,' hoorde ik Manou me nog naroepen. Ik voelde me heel trots toen ik later die dag door Stenenmuur fietste. Manou had me gemist, dat gaf me echt een goed gevoel.

Die maanden daarna veranderde er eigenlijk niet veel. Ik moest af en toe nog met mannen naar bed, als Manou meisjes te kort kwam of in geldnood zat. Maar ik had dan zo veel drugs op dat ik achteraf helemaal niet meer wist wat er eigenlijk was gebeurd. Ik moest nog steeds dingen wegbrengen en ophalen en nieuwe meisjes voor Manou en de jongens overal vandaan halen. Als ik niet luisterde of tegen Manou zei dat ik iets niet wou doen, sloot hij me op in een kast of hij sloeg of trapte me, maar nooit in mijn gezicht, want niemand mocht aan me zien dat er iets aan de hand was.

Alsof mijn moeder dat niet zag, ze zag misschien geen blauwe plekken, maar ze kon echt wel zien dat ik stoned was, alleen ze geloofde me als ik zei dat er niks aan de hand was. Ze zei er dan in elk geval verder niks van.

Ik kan het haar niet kwalijk nemen, zij had het moeilijk in die tijd. Al heb ik daar ook weleens anders over gedacht en voelde ik me echt verrot omdat ze niet ingreep, hoe hard ik ook riep dat er niks aan de hand was.

De maanden gingen voorbij en voor ik het wist werd ik veertien. Ik was nu al ongeveer twee jaar bij Manou en ik was er nog steeds niet aan onderdoor gegaan. Mijn verjaardag kan ik me niet herinneren dus ik kan er weinig over vertellen. Ik weet nog wel dat Manou ergens in januari of februari mijn moeder wou ontmoeten. Dat gebeurde dus.

'Mam, ik wil je aan iemand voorstellen,' zei ik toen ik de woonkamer binnenkwam met Manou achter me aan. Mijn moeder zat op de bank en stond op toen ze Manou zag. Ze gaven elkaar een hand en stelden zich voor. Manou ging op een stoel zitten en ik naast mijn moeder op de bank.

Toen Manou een kop thee had gekregen, begon mijn moeder met hem te praten. Ze vroeg hem waar hij vandaan kwam, waar hij op school zat, je kent het wel, echt van die moedervragen. Ik kon mijn ogen bijna niet geloven, Manou leek bijna zenuwachtig, hij praatte heel snel en een beetje bibberig. Ik was gewend dat hij altijd schreeuwde en boos was, maar nu leek hij zo lief. De blik in zijn ogen was helemaal veranderd.

Nadat Manou weg was gegaan, was mijn moeder best enthousiast over hem. Ze vond hem heel aardig en zei dat ze het leuk zou vinden als hij vaker zou komen. Ook vroeg ze of wij iets hadden, ik zei daar niet veel op.

Nu Manou mijn moeder had leren kennen, kwam hij heel vaak bij ons. Hij zei dat hij bij mij op school zat, maar dan op het roc, zo hadden we elkaar ook zogenaamd leren kennen. Mijn moeder geloofde het allemaal. Hij kwam heel vaak 's avonds langs en als hij dan wegging en ik liet hem uit, dacht mijn moeder dat we aan het zoenen waren, terwijl we dan aan het afspreken waren wanneer ik waar moest zijn. Ik gaf hem wel altijd een kus als hij binnenkwam en als hij wegging, gewoon voor het idee. Hij ging ook weleens met mijn zusje weg, dan gingen ze naar de kermis of zo, om ook haar vertrouwen te winnen. Manou maakte het me niet makkelijk, hij belde mijn moeder weleens om te zeggen dat hij me met verkeerde jongens om zag gaan in de stad, die idioot, mijn moeder kwam er toen bijna achter dat ik heel vaak in de stad was. Ik kreeg daar dus best vaak ruzie over met mijn moeder, omdat ik het gevoel had dat ze Manou eerder geloofde dan mij.

Ik begon vaak te huilen als we ruzie hadden, dan vroeg ze weer wat er toch aan de hand was met mij, ze zei dat ze al een paar jaar zag dat het niet goed met me ging en dat ik het gewoon tegen haar kon zeggen als er iets was. Alsof ik gewoon even kon zeggen: 'Mam, ik ben al twee jaar bij Manou, ik moet voor hem werken, drugs bezorgen, meisjes ronselen en ik kijk toe hoe hij mensen mishandelt.' Daar kwam nog bij dat Manou zo op me had ingepraat over hoe hij mijn moeder haatte, dat ik hem ging geloven en mijn moeder ook ging haten. Over alles wat ze deed of zei, wond ik me op, omdat Manou dat ook deed. Manou begon ook steeds meer voor me te bepalen. Wanneer ik wakker moest worden en wanneer ik naar bed moest. Dan belde hij me op en zei hij bijvoorbeeld: 'Je kan beter nu naar bed gaan, want morgen moet je weer vroeg op.' En soms zei hij letterlijk: 'Ga naar bed, ga je douchen, ga eten, ga naar de wc.' Ik deed alles wat hij zei.

Ik heb nog een paar keer gezien hoe hij mensen mishandelde. Hij sloeg mensen op straat zomaar in elkaar, zonder reden, omdat hij het leuk vond. Ik heb gezien dat hij toekeek terwijl een meisje werd verkracht door een paar jongens, hoe hij meisjes helemaal gek maakte met zijn acties door ze te slaan, te trappen, vast te binden en een hele dag in een kleine donkere kamer te laten zitten. Hij vond het zo leuk om mensen pijn te zien lijden, te zien bloeden, huilen, het maakte hem niet uit wat, als hij maar zag dat mensen het moeilijk hadden.

Ik weet nog een keer in de auto, dat moment vergeet ik nooit meer: voor het eerst, en meteen ook voor het laatst, zag ik een mens met gevoel. We waren onderweg naar Zandstad en hij stopte aan de kant van de weg. Hij keek me aan en zijn ogen stonden heel echt, ik kon aan hem zien dat hij verdrietig was.

'Ik ben kindsoldaat geweest,' zei hij en kreeg tranen in zijn ogen. 'Ik ben gek geworden toen, daarom doe ik dit allemaal met jou en die andere meisjes en jongens die voor me werken. Ik ben gek, alleen nog niet gek genoeg. Niet zo gek dat ik niet meer weet wat ik doe.' Ik keek hem aan en zei niks. Het was een paar minuten stil. Opeens werd hij weer Manou zoals ik hem kende. Zijn ogen veranderden. Hij keek weer zoals altijd, gevoelloos en leeg. Hij begon op het stuur te slaan, de hele auto trilde er van. Ik werd bang en keek naar buiten, naar de koeien die in het weiland stonden. Manou stapte uit en liep naar de benzinepomp, honderd meter terug. Ik zat in de auto en keek via de spiegel hoe hij erheen liep. Voor mij was hij een monster, een dik zwart monster met veel gezichten en weinig of eigenlijk geen geweten of gevoel, maar nu hij had laten zien dat er ergens in dat monster nog een mens zat, een jongen opgesloten in het lichaam van deze man, gaf me dat op de een of andere manier toch hoop. Ik dacht dat hij misschien aardiger zou zijn als hij ging inzien waar hij mee bezig was. Maar dat gebeurde natuurlijk niet. Ik zag Manou terugkomen, hij leek al wat minder boos. Hij stapte in en had zelfs een glimlach op zijn gezicht. Hij gaf me een fles water.

'Ik heb net een nieuw meisje gezien, ik heb haar nummer gekregen, dus over een week of twee heb je weer een meisje dat je naar een van de jongens kan brengen,' zei hij en startte de auto.

'Als je daar blij van wordt,' zei ik na even stil te zijn geweest. Ik keek weer voor me uit, naar de weg.

Er is zo veel gebeurd met Manou... Ik was een keer bij Juanez toen Nikki ineens voor de deur stond. Ze was inmiddels een soort van vriendin van Juanez en ze was heel erg veranderd. Ze had echte meisjeskleren aan, soms zelfs rokjes. Ze had laarzen met hakken en make-up. Haar haren had ze lang laten groeien, ze zag er ineens echt uit als een meisje. Ze had zelfs een push-up-beha aan, dus ze had ineens tieten. Dat kon alleen betekenen dat ze echt verliefd was geworden op die jongen. Nikki had niet alleen opeens het figuur van een meisje, maar ook de *attitude* van een bitch. Ze kwam binnen en keek me niet aan. Haar ogen stonden raar, ze had geblowd.

'Nikki, wat is er toch met je gebeurd?' vroeg ik toen ze in de kamer stond. Ze gaf geen antwoord en ging bij Juanez op schoot zitten. 'Nikki!' riep ik. Juanez begon te lachen.

'En jij maar zeggen dat ze niet van jongens en seks houdt,' zei hij en keek naar Nikki die als een soort zombie op schoot zat. Ik wist dat ik haar kwijt zou raken als ik haar niet bij Juanez weg zou halen. Maar dat ging een beetje moeilijk, want ze was verliefd op Juanez. Hij was wel een echte loverboy zoals de meeste mensen dat kennen. Hij liet meisjes verliefd op hem worden, als het moest gaf hij ze cadeautjes en daarna liet hij ze voor hem werken. Nikki was bijna op dat punt aanbeland, tenzij ik haar daar weg kon halen. Maar hoe zou ik dat moeten doen? Die middag was een van de laatste keren dat ik haar heb gezien.

Manou kwam vaak bij ons, nog steeds. Toen ik vijftien was, kwam daar verandering in. Hij bedacht dat het zogenaamd 'uit' moest gaan tussen ons. Ik weet niet precies waarom. Hij kwam daardoor minder vaak bij me thuis. Mijn moeder vond het jammer, die vond hem nog steeds aardig. Ik was er blij om, maar hij kwam nog steeds af en toe gewoon voor de gezelligheid, wij waren nu gewoon 'vrienden' en verder niks. In dat jaar zou alles uitkomen. In elk geval van een paar jongens.

Ik moest van Manou een paar maanden bij Jayson en Juanez blijven, omdat hij het heel erg druk had met mensen uit het buitenland, ik weet ook niet precies wat. Dus Jayson en Juanez zouden even op mij passen. Ik zou Manou nog wel zien, maar niet zo veel als normaal. Jayson kende ik nog niet zo heel goed, maar ik vond hem niet aardig. Ik moest van hem weer de hoer uithangen.

Toen Manou net een week weg was begon het al. Ik moest met Jayson mee naar een vriend ergens in Stenenmuur-Zuid. Het was augustus of zo en best wel warm. Ik sprak met hem af bij een bankje op een grasveld achter het winkelcentrum in Zuid. Dus ik ging na het eten van huis weg, het was vijf minuten fietsen. Ik zag Jayson al van ver zitten. Hij had een blauw-wit T-shirt aan en een witte driekwart zomerbroek met witte Nikes. Hij zat onderuitgezakt op het bankje met zijn voeten op de bagagedrager van zijn fiets.

'Hey dushi, ben je klaar? Dan gaan we naar mijn mattie,' zei hij en drukte zijn joint uit. Hij stond op en pakte zijn fiets. 'Blijf vijf meter achter me fietsen, mensen mogen niet zien dat we bij elkaar horen, straks ziet mijn vrouwtje dat.'

Ik deed wat hij zei en bleef vijf meter achter hem fietsen. Later bleek dat hij een vriendin had en twee kinderen. Zijn vriendin was zwanger van de derde. We reden naar een andere buurt, de buurt achter die van Bassim. Terwijl we aan het fietsen waren, was ik weer met mijn gedachten ergens anders. Het rook zo lekker buiten, ik dacht even aan... Ik weet niet, aan niks eigenlijk, ik was gewoon lekker aan het fietsen, naar de mensen aan het kijken die langsfietsten en de auto's.

Toen we in die buurt achter die van Bassim waren, gingen we naar een soort flats. Ze waren vier hoog en lagen achter het spoor. We zetten de fietsen tegen een van de flats aan en liepen naar een andere flat, lekker ingewikkeld. Alle flats waren wit en de balkons waren oranjebruinachtig. Jayson belde de jongen op en vroeg of we al naar boven konden komen. Blijkbaar niet, want we stonden daarna nog een halfuur buiten. Jayson belde de jongen nog een keer en toen werd de deur opengedaan. Niet dat we daar verder mee kwamen, want we moesten daarna op de trap nog een kwartier wachten.

Binnen rook het er echt naar flat, ik weet niet hoe die geur heet. De trap was van steen en grijs, zoals in bijna elke flat, en Jayson zat bijna bovenaan op de trap. Ik zat tussen zijn benen.

Hij zat zich al helemaal op te geilen tegen mijn rug. Het voelde alsof hij zijn piemel tegen mijn rug aan het schuren was of zo. Gelukkig duurde dat niet lang, er werd iets in het Papiamento naar beneden geschreeuwd. Jayson stond op en nam me bij mijn hand mee naar boven, ik voelde me net een klein kind. Op de vierde verdieping stond een jongen in de deuropening. Natuurlijk was het weer een Antilliaan. Hij had een zwarte broek aan met zijn kruis op zijn knieën en een zwart T-shirt. Hij stelde zich voor, maar zijn naam was te lang om te onthouden. Ik liep met Jayson mee naar de woonkamer.

Deze jongen had best een groot appartement. Hij had twee leren zwarte banken, een tv met stereotoren, een keuken die nog niet af was, met van die campinggaspitten, en een koelkast. De woonkamer was wit en daardoor leek hij ook een stuk groter, hij had de luxaflex dicht en een paar lichtjes aan om het sfeervol te maken denk ik, niet dat er veel sfeer was in de woonkamer, want hij was nog halfleeg. De rest van dat huis heb ik niet gezien want we bleven in de woonkamer. Hij had de tv op MTV staan, er was zo'n programma op waarin mensen hun idool nadoen. Hij had een spiegel aan de wand hangen in een soort slingervorm. Drie lange slingers naar beneden tot bijna op de grond. De muur waaraan die spiegel hing was bordeauxrood. Best mooi. Hij was hier net komen wonen en moest alles nog verven, vertelde hij. Maar we kwamen daar natuurlijk niet om zijn nieuwe huis te bekijken. Jayson hield daarom al gauw op met praten over zijn huis en kwam ter zake.

Hij begon over condooms en of ze er nog wel genoeg hadden. De jongen zei dat hij er nog maar een over had, dus dat iemand ze moest gaan halen. Jayson zei dat hij ze wel zou gaan halen, dan hadden die jongen en ik even tijd voor elkaar. Jayson stond op, deed de tv uit en zette muziek op. Hij ging weer zitten en zei dat ik voor hem moest gaan staan. De jongen ging achter me staan en begon tegen me aan te schuren. Ik voelde dat hij een stijve had. Jayson zat onderuitgezakt op de bank te kijken hoe wij aan het schuren waren. De jongen ging met zijn handen onder mijn truitje en deed dat uit. Jayson kwam naar voren en deed mijn broek los. Die broek zat zo los dat hij meteen naar beneden viel toen hij de riem had losgemaakt. De jongen achter mij deed mijn beha los en Jayson deed mijn schoenen uit. Ik had nu alleen nog een string aan. Jayson deed zijn broek los en haalde zijn piemel eruit. Mijn God, ik vind piemels zulke vieze dingen en ze zijn zo lelijk. Als ik eraan terugdenk hoe ze eruit zien, zo'n uitsteeksel dat stijf wordt met allemaal van dat voorvocht en sperma, gatver. Ik kan me niet voorstellen dat er ooit een dag komt dat ik er anders over ga denken.

Jayson wou dat ik hem ging pijpen, wat ik maar deed, anders zou hij boos worden en dat wil je echt niet bij hem. De jongen achter me bleef staan en hield mijn hoofd vast. Na een paar minuten stond Jayson op om condooms te halen.

'Veel plezier, dushi, laat hem maar zien wat je allemaal hebt geleerd van Manou,' zei Jayson en deed zijn broek weer dicht. Hij kwam voor me staan en gaf me een zoen op mijn mond. 'Maak je maar geen zorgen, hij zal je geen pijn doen zolang je doet wat hij zegt.'

Die jongen gaf me een knipoog. Ik kreeg er kippenvel van. Jayson liep de deur uit en nu was ik dus alleen met hem. Hij deed al zijn kleren uit en kwam voor me staan en ik schoot bijna in de lach. Hij had een geruite zeemanboxer aan, en sokken waar Tweety op stond. Dat paste echt niet bij zijn hele gangsteract, die viel helemaal in het water. Maar ja, ik kon natuurlijk niet lachen, dan zou hij boos worden en agressief, net als Jayson, en daar had ik echt geen zin in vandaag dus ik deed gewoon wat

hij wou. Gelukkig was hij zo'n man die na één minuut al klaarkwam, dus dat was wel fijn. De jongen kleedde zich alvast aan,
want als Jayson er weer was moest hij weg om zijn zoontje op
te halen van het station.

Het duurde niet lang voor Jayson terugkwam, hij had een
groot pak condooms in zijn hand en kwam met een grote glimlach binnen. Ik besefte dat ik nog steeds naakt was. Veel tijd
om me te gaan schamen had ik niet, want Jayson was al bezig
zich uit te kleden en duwde me op de bank. Vlak voor Jayson
in mij kwam ging er in mijn hoofd een knopje om zodat ik niks
voelde van wat er allemaal gebeurde. Jayson was bezig met zijn
gedoe en de jongen was nog even aan het kijken, alsof hij een
film aan het kijken was.

'Ik ga, trek de deur goed achter je dicht als jullie klaar zijn,
ik spreek jou morgen Jayson, en jou zie ik ook vast nog wel een
keer, dushi' zei de jongen. Hij liep de deur uit en even was het
stil, de cd was afgelopen en Jayson stopte even met neuken om
te luisteren of de jongen weg was. Daarna ging hij door.

Een uur later stond ik weer buiten. Jayson haalde zijn fiets
en vroeg of hij me naar huis moest brengen. Van mij hoefde
dat niet en ik fietste weg. Toen ik achterom keek of ik Jayson
nog zag, was hij weg. Ik fietste naar huis, ik ging douchen en
naar bed.

In die tijd dat ik bij Jayson was, begon ik ook veel met mijn zusje
naar de stad te gaan. Ik wist dat zij spijbelde en zij wist dat ik
spijbelde. We chanteerden elkaar om mee naar de stad te gaan,
anders zouden we het spijbelen van de ander aan mijn moeder
verraden. Ik kon in die tijd ook meer naar de stad omdat ik het

minder druk had bij Jayson en Juanez dan de eerste keer dat Manou weg was. En nu was Manou in principe nog wel aan het werk, dus heel veel dingen deed hij ook zelf. Nikki zag ik eigenlijk niet meer, heel af en toe als ze met Juanez door de stad liep, maar verder niet. Ik was haar bijna helemaal kwijt en het was mijn schuld dat ze bij die Juanez was.

Mijn zusje en ik kwamen Manou ook wel tegen in de stad, dan maakten we even een praatje alsof we elkaar al een hele tijd niet hadden gezien. Hij had een nieuwe vriendin en was heel 'gelukkig', vertelde hij dan. Hij bracht mijn zusje en mij ook weleens naar huis als wij al ons geld hadden opgemaakt aan sigaretten en wiet en geen geld meer hadden voor de bus. Mijn moeder vond het nog altijd even gezellig als hij op bezoek kwam. Dan bleef hij even een kopje thee met twee schepjes suiker drinken, of water, wat hij meestal omgooide omdat zijn fijne motoriek heel slecht was door al die drugs die hij had genomen. Meestal ging ik daarna naar een 'vriendin': naar Manou dus.

Ik moest nog een paar keer met Jayson mee. Op een avond zei ik tegen mijn moeder dat ik naar een vriendin ging en Jayson wachtte me op in de stad bij de McDonald's. Hij begroette me met een kus en zijn gebruikelijke neukbeweging en we liepen een stukje door naar de hoofdstraat. We kwamen een jongen tegen van mijn school. De jongen keek me aan omdat hij me ergens van herkende, ik keek hem ook aan, maar Jayson was het daar blijkbaar niet mee eens.

'Wat kijk je naar mijn vrouwtje,' zei Jayson op een dreigende toon. Ik wou doorlopen, maar Jayson hield me tegen. 'Wacht even, hij heeft geen respect, een beetje kijken en ik loop ernaast,' zei hij en liep op de jongen af, die nu pas doorhad dat Jayson het tegen hem had.

'Dit had je niet moeten doen,' zei Jayson. Hij ging voor de jongen staan en sloeg hem in zijn gezicht.

'Ey gast, waar ben je mee bezig, ik doe toch niks?' zei de jongen die zijn hand op zijn wang legde. Jayson zei niks meer en ik mocht doorlopen. Hij nam de fiets van me over en we fietsten naar de rand van de stad, daar stond de auto van een vriend, mijn buurjongen Noël. Hij was aan het sporten, dus Jayson had de auto even voor zichzelf. Hij zei dat ik pas weg mocht als ik hem had gepijpt. Dat deed ik dus, en daarna ging ik weer naar huis.

Een andere keer toen ik met Jayson mee moest, gingen we naar een huis en moest ik met hem naar bed. Hij belde me op en zei dat hij zin had. Ik kon niet zeggen dat ik niet thuis was, want hij was bij mijn buurjongen en wist dat ik thuis was, ik kon ook niet zeggen dat ik al een afspraak had, want dan zou hij Manou opbellen om dat te checken.

Ik fietste na het eten naar de stad, waar Jayson achter de kerk al op me stond te wachten. Hij stond te dealen met een Nederlandse jongen. Toen hij mij zag aankomen, deed hij snel het geld weg en pakte zijn fiets. Hij zei niks, begroette me niet zoals hij dat meestal deed, niks. Hij fietste vooraan en ik vijf meter erachter, zoals altijd. We reden naar een flat in de Vogelzang. We gingen met de lift naar de derde verdieping. Ik wachtte bij de liftdeur tot Jayson terugkwam en zei dat ik kon komen. Hij ging een huis binnen en liet de voordeur voor me open. Ik deed de deur achter me dicht en liep naar het lichtpuntje dat ik in de woonkamer zag. Hoe het huis er verder uitzag, ik heb echt geen flauw idee. Het was overal heel erg donker, alleen in de woonkamer brandde één klein kaarsje.

Jayson pakte me vast en begon me uit te kleden. De hele tijd dat hij met me bezig was, heeft hij niks tegen me gezegd, het enige geluid dat hij maakte waren een paar kreunen toen hij klaarkwam en dat was het. Toen hij klaar was, kleedde ik me aan terwijl hij onder de douche stond. Toen hij uit de douche kwam, duwde hij me de deur uit en deed die dicht. Daar stond ik, ergens in de Vogelzang en ik moest de weg naar huis maar terugvinden.

Ik moest ook een keer met een andere jongen, Giorgio, mee naar huis. Een van de laatste keren dat ik met Nikki in de stad op een van onze hangplekken zat, kwam Giorgio met zijn auto naar me toe rijden.

'Je gaat niet met hem mee hoor, ik weet dan niet waar je bent, straks word je verkracht, en wat dan?' zei Nikki bezorgd toen ze zag dat Giorgio mij riep om met hem mee te gaan.

'Maak je niet druk, hij is een vriend van Jayson en Manou, die doet niks,' zei ik. Terwijl ik precies wist wat er ging gebeuren, probeerde ik niks aan Nikki te laten merken.

'Ga anders met me mee, dan weet je zeker dat er niks gebeurt,' zei ik en stond op om weg te gaan.

'Ben je gek of zo,' zei Nikki en stond ook op. 'En ook al zou ik willen, ik moet over een uur thuis zijn,' zei ze en wou weglopen.

'Dan niet, ik spreek je morgen wel,' zei ik en liep naar Giorgio die al ongeduldig op me zat te wachten.

'Stap in,' zei hij en hij deed het portier voor me open. Ik stapte in en hij reed weg.

'Zo dushi, nu heb ik je eindelijk een keer voor mezelf,' zei Giorgio en deed de muziek aan. De auto van Giorgio was helemaal zwart en had geblindeerde ramen. De bekleding was van zwart leer en overal zaten boxen, als hij muziek op had staan dreunde de hele auto, maar niet zo erg als die van Manou. We reden naar Zandstad, ik heb de hele weg niet met hem gepraat. Af en toe maakte hij een opmerking over hoe geil hij werd als hij de verhalen hoorde over mij en dat hij me zo mooi vond en zo, maar hij merkte al gauw dat ik me helemaal niet voor hem interesseerde en dat ik alleen met hem meeging omdat het moest van Manou.

We reden door een woonwijk, naar een buurt waar studentenflats stonden. Giorgio stopte voor de eerste studentenflat. Hij zette zijn auto voor de deur en ik stapte uit, Giorgio reed nog een stukje door naar de parkeerplekken. Ik keek om me heen, het was echt een vieze flat om te zien, het rook er naar... jeetje, hoe zal ik dat omschrijven, de geur die er in de stad hangt als het net heeft geregend, zo rook het. De flat was best klein, maar vier of vijf verdiepingen hoog. Achter de flat lag een grasveld met een paar bomen, naast dat grasveld stond een klein woonwagenkampje. Giorgio belde aan bij een nummer, ik weet niet meer welk, en hij zei iets in het Papiamento. De deur werd opengedaan en wij gingen naar binnen. Binnen stonk het heel erg naar plas, het was er koud en alle muren en vloeren waren grijs. Je kon via twee kanten naar boven, rechts en links waren trappen, wij gingen rechts de trap op. We gingen helemaal naar de bovenste verdieping, daar liepen we naar een deur die al op een kiertje stond. Op de gang was de muziek al te horen. Giorgio had mijn hand vast en we liepen de kamer in. Het was een grote kamer met de keuken eraan vast. Er kwam een jongen voor ons staan.

'Zo zo, jij gaat een leuke middag hebben,' zei de jongen, terwijl hij naar me keek. De jongen zag er echt eng uit, hij had, zoals al die Antillianen, een gouden tand. In zijn nek had hij, net als Jayson en nog meer van zulke jongens, een grote draak. Hij had zijn haar kort, met krulletjes, en er liep een heel groot litteken over zijn wang. Zijn oogwit was geel en bloeddoorlopen in plaats van wit en zijn irissen waren zo zwart dat je niet kon zien dat hij een pupil had. Zijn gezicht was eng en hij was niet heel groot, maar wel heel gespierd. Hij liep naar de stereo en zette de muziek een stuk zachter, zodat we elkaar iets beter konden verstaan.

'Dit is Maria,' zei Giorgio en liet mijn hand los.

'Hallo Maria,' hij nam me helemaal in zich op, 'als je klaar bent met hem en je hebt nog tijd, mag je met mij ook wel wat leuks gaan doen,' zei de jongen en keek me aan met zijn vieze ogen. Ik was wel engere jongens gewend, zoals die jongens uit Rotterdam, maar toch kreeg ik kippenvel van deze jongen. 'Ik ga ervandoor, als ik terugkom wil ik geen vlekken op mijn lakens zien, gehoord? Ik heb ze namelijk net verschoond, speciaal voor deze prinses hier,' zei hij tegen Giorgio en wees met zijn vinger naar hem alsof hij een klein kind was. Giorgio knikte en liep met de jongen mee naar de deur en deed die achter hem op slot.

'Eindelijk alleen, of niet dushi,' zei hij en kwam op me af lopen. Hij ging op de bank zitten en ik moest naast hem zitten. Het was een vieze oude leren bank, die helemaal kapot was. Er stond een houten salontafel die zijn beste tijd ook wel had gehad en op de vloer lag een vies oud tapijt. Het hele huis stonk naar wiet. Voor de bank tegen de muur stond een hele grote tv met dvd-speler en stereotoren. Toch apart, die jongens hebben nooit ergens geld voor, maar ze hebben wel altijd een auto en een tv en dat soort dingen. Aan de muur hingen foto's van die jongen die net weg was gegaan met een baby. Ik keek ernaar en dacht aan mijn eigen babyfoto's. Ik was als baby net een cavia, mijn haar stond altijd overeind, al deed mijn moeder er gel in, het wou niet plat zitten. Giorgio draaide een joint en liet mij de helft oproken. Toen hij daarmee klaar was, zei hij dat ik op zijn schoot moest gaan zitten, dat deed ik. Ik voelde door zijn broek heen al dat hij een stijve had. Giorgio begon aan me te zitten, aan mijn borsten en mijn kont. Hij deed mijn shirt uit en ik zat in mijn beha boven op hem. Hij duwde me van zich af en ging voor me op de grond zitten. Hij begon mijn schoenen los te maken en deed mijn sokken uit. Daarna kwam hij met zijn hoofd naar boven en maakte mijn broek los. Hij deed hem uit en nu had ik alleen nog mijn ondergoed aan. Hij deed zelf zijn broek en shirt uit, nu had hij alleen nog een boxer aan, een mooie donkerblauwe met ruitjes. Hij ging voor me staan en haalde zijn piemel eruit. Zijn piemel had een heel aparte vorm, hij leek een beetje op een champignon, hij begon best dun en eindigde heel dik. Het zag er echt niet uit en ik begon bijna te lachen. Ik moest hem pijpen en terwijl ik dat deed begon die idioot zo hard aan mijn haar te trekken, dat ik geluid begon te maken. Het was geen gillen, maar ook geen rustig kreunen. Maar ik kon ook niet goed kreunen of gillen, want hij had zijn piemel nog steeds in mijn mond.

Hij zei later dat hij er nog geiler van werd als ik geluid maakte terwijl ik hem aan het pijpen was, daarom trok hij zo hard aan mijn haar. Na een paar minuten haalde hij zijn piemel uit mijn mond en tilde hij me op. Hij gooide me op bed en besprong me zo ongeveer. Hij deed zijn boxer nu helemaal uit en mijn beha en string ook. Zonder condoom begon hij me te neuken. Om te voorkomen dat hij weer aan mijn haar ging trekken of andere gekke dingen ging doen om ervoor te zorgen dat ik geluid ging maken, deed ik het alvast maar zelf. Ik begon te kreunen, hoe geiler hij werd, hoe harder ik begon te kreunen, zodat hij sneller klaar zou komen en ik weg zou kunnen. Terwijl hij aan het neuken was, keek ik door het dakraam naar een grote groep vogels die overvloog. Hij begon steeds harder te ademen en te hijgen en ik begon steeds harder te kreunen, vlak voor hij klaarkwam, haalde hij zijn piemel uit me en hij kwam klaar over mijn gezicht, in mijn haar en op mijn buik. Hij had het zelfs voor elkaar gekregen om sperma in mijn oog te spuiten, dat deed me toch pijn, niet normaal! Toen hij een beetje was uitgehijgd, haalde hij een handdoek uit de badkamer en begon me schoon te maken.

'Sorry dushi, van je oog, maar je maakt me ook zo geil,' zei hij en wreef met de handdoek over mijn gezicht en mijn buik, terwijl hij zijn ogen geen moment van me afhield.

'Als je wilt, kan je je haar een beetje uitwassen boven de wasbak,' zei hij en deed zijn boxer aan. Ik lag nog steeds op bed en verroerde me niet, ik had het koud en ik had heel erge steken in mijn onderbuik. Ik kleedde me aan en ging op de bank zitten wachten tot die jongen weer terugkwam, zodat we konden gaan. Gelukkig duurde dat niet lang en gingen we snel weg. In de auto keek ik in de spiegel naar mijn oog, dat was helemaal rood en deed pijn en jeukte tegelijk. We reden naar de stad en hij zette me af bij mijn fiets.

'Ik bel je morgen, oké dushi, ik vond het echt lekker vandaag, dat zal Manou fijn vinden om te horen,' zei hij nog tegen me. Ik liep de steeg door, naar mijn fiets, zonder verder nog om te kijken. Dat weekend bleef Nikki bij me slapen. Zaterdagnacht kreeg ik heel erge steken in mijn buik, dus zondag gingen Nikki, mijn moeder en ik naar het ziekenhuis, het bleek dat ik een nierbekkenontsteking had. Eerst had ik alleen blaasontsteking gehad, maar omdat ik daar verder niks mee had gedaan, waren ook mijn nieren gaan ontsteken. De dokter vroeg of ik op de tocht had gelegen. Ik zei van niet, maar ik dacht aan die dag bij Giorgio, toen had ik helemaal naakt op het bed gelegen met het dakraam open, waarschijnlijk was dat het geweest, want echt warm was het toen niet geweest. Ik kreeg een antibioticakuur en ik was een week lang erg ziek, met koorts. Gelukkig maar, want daarom hoefde ik ook niet te werken.

Na die ontsteking ging ik een keer naar de stad toen Manou achter een jongen aan zat. Er is een heel donkere jongen bij ons in Stenenmuur. Die jongen is zo zwart dat hij, als hij in de zon staat, een blauwe gloed heeft. Manou heeft een hekel aan iedereen die donkerder is dan hij, iedereen die homo of lesbisch is en alle Nederlanders. Die ene heel donkere jongen pestte Manou dus graag.

Elke keer als Manou zich verveelde, ging hij naar de stad om die jongen te zoeken. Als hij hem had gevonden, nam hij hem mee naar een huis in de buurt. Dan belde hij een vriend van hem op, iemand uit Rotterdam of soms iemand uit Stenenmuur zelf als hij geen zin had om een paar uur te wachten. Dan liet hij die zwarte jongen verkrachten waar iedereen bij stond die het maar wou zien, hij vond het leuk om daarnaar te kijken.

Ik keek altijd de andere kant op, ik kon daar helemaal niet tegen, ook al was ik wel ergere dingen gewend. Ik had zo'n medelijden met die jongen, hij was namelijk best aardig. Ik praatte weleens met hem als Manou het niet zag. Maar ja, wat kon ik doen, als ik er wat van zei, was ik na die jongen aan de beurt, als je begrijpt wat ik bedoel. Heel vaak zag je die jongen over het broodplein rennen, de jongens van Manou erachteraan en uiteindelijk Manou zelf, die kon natuurlijk niet hard rennen want die was daar iets te zwaar voor. Eigenlijk was hij gewoon hartstikke vet.

Als Manou zich verveelde, ging hij soms ook op zoek naar homoseksuelen. Die liet hij dan eerst een paar keer verkrachten en dan liet hij ze verdwijnen. En Nederlanders die mishandelde hij gewoon. Als die mensen hem vroegen waarom hij die dingen met ze deed lachte hij ze in hun gezicht uit, of hij deed nog wat ergere dingen.

Eigenlijk is Manou hartstikke gestoord, dat wordt me steeds duidelijker en ik ben steeds blijer dat ik bij die man weg ben, maar toch, af en toe wil ik terug naar hem. Op bepaalde momenten mis ik hem nog steeds...

Ik weet nog dat ik met Manou een keer op de kermis was in Stenenmuur. We hadden het best leuk, die middag. Manou was voor de verandering eens vrolijk en ik, ik was gewoon zoals ik altijd was. We liepen met zijn tweeën een beetje over die kermis te slenteren toen er een vriend van Manou naar ons toe kwam om te zeggen dat een andere vriend van hen ruzie had met een Nederlander. Manou ging meteen met de jongen mee.

'Kom mee Mari, je moet me helpen,' zei Manou en nam me bij mijn hand. We liepen naar de parkeergarage onder de mediamarkt.

'Waar gaan we naartoe?' vroeg ik, terwijl Manou me meetrok naar zijn auto.

'Chico heeft weer eens ruzie en we moeten hem even helpen,' zei Manou zonder verder om te kijken. 'Die kutkermis ook, nu duurt het weer uren voor we een keer die stomme garage uit zijn,' zei hij tegen zichzelf. We stonden in een lange rij auto's die allemaal naar buiten wilden, maar het was heel druk, dus we stonden in de garage al in de file. Na een halfuur waren we eindelijk op de grote weg en konden we richting Stenenmuur-Oost om die Chico te helpen. Manou reed als een idioot naar het parkje waar Chico was, we werden gevolgd door een andere auto.

'Als ik zeg dat je me moet helpen, moet je me helpen,' zei Manou. Hij was aan het inparkeren op de parkeerplaats voor het parkje terwijl hij dat zei.

'Wat moet ik doen dan?' vroeg ik en deed de deur open toen Manou de motor had uitgezet.

'Als het zover komt dat die jongens mijn jongens aanraken, moet je me helpen ze te stoppen,' zei Manou en hij pakte me bij mijn hand en we liepen samen het grindpad op naar de bankjes waar ik Chico al zag staan met nog een groepje jongens. Manou liep heel snel naar de jongens toe, hij werd gevolgd door de jongens die in de andere auto hadden gezeten.

'Chico, laat die witten met rust!' schreeuwde Manou vanaf een afstand.

'Hij heeft mijn zus geslagen, mattie, die gast gaat dood, je weet!' schreeuwde Chico terug en deed steeds een stap dichter naar de Nederlandse jongens.

'Jayson, dit zijn toch jouw vrienden, of niet?' vroeg Manou toen we bij de groep stonden.

'Ik ken ze, meer niet,' zei Jayson. Manou liet mijn hand los en liep op de leider van het groepje Nederlanders af. Het was een lange jongen, best wel gespierd, zijn haar was ingevlochten en hij had twee diamanten in zijn oren. Van de rest van de jongens weet ik niet meer goed hoe ze eruitzagen, ik vond toen alle

Nederlanders er hetzelfde uitzien. Manou haalde een mes uit zijn broek en zette dat tegen de keel van de jongen. De andere jongens die bij Manou waren gingen eromheen staan zodat niemand kon zien waar Manou mee bezig was.

'Als je zijn zus nog een keer aanraakt, snij ik je keel door en geef ik je hart te eten aan mijn hond,' zei Manou op een heel normale rustige toon. De jongen keek Manou aan en deed verder niks. De andere jongens die bij die Nederlander hoorden deden ook niks, omdat Manou met een veel grotere groep was. Langzaam liepen ze weg.

'En met jullie ben ik ook nog niet klaar,' zei Manou en keek naar Chico en Jayson die naast elkaar stonden. Manou en de rest van de jongens gingen voor hen staan. Opeens hoorde Chico en Jayson even niet meer bij Manous groep. Ik keek naar Manou en die gebaarde naar mij dat ik naast hem moest komen staan. Ik deed dat en keek naar Chico en Jayson.

'Ik wil jullie allebei binnen nu en een halfuur in mijn huis hebben,' zei Manou en zwaaide met zijn mes voor hun neus. 'Jullie kunnen gaan,' zei hij en wees met zijn mes naar de andere kant van het park alsof hij naar een deur wees. Chico en Jayson liepen met zijn tweeën naar de scooter van Chico en reden weg.

'Maria, kom mee, we gaan naar mijn huis,' zei Manou en pakte me weer bij mijn hand en we liepen met de hele groep achter ons aan naar zijn auto. Het was drie uur op een zaterdagmiddag en het was heel lekker weer. Het rook naar lente en het was overal heel erg rustig omdat iedereen naar de kermis was. We liepen naar de auto en Manou deed de ramen open. Er kwamen nog drie andere jongens bij ons in de auto. Ik zat voorin en de jongens achter mij waren het daar niet mee eens. Ze vonden dat zij belangrijker waren dan ik en dus voorin mochten. Manou lette niet op hen en zette de muziek zo hard dat we ze niet meer konden horen. Manou hield mijn hand op de pook met zijn hand eroverheen, dat deed hij wel vaker als hij blij was dat ik bij hem was. Als hij dat deed, voelde ik me alsof ik de hele wereld aankon, want dan vond Manou me leuk, dus vond ik mezelf ook leuk.

We reden naar het huis van Manou en hij zette de auto weg. We liepen naar zijn kamer. Chico en Jayson stonden al voor de deur te wachten.

'Kijk ze nou, dat noemt zich gangsters, rot toch op, ze maken ruzie met Nederlanders en ik moet het voor ze oplossen. Ik had net een leuke tijd op de kermis met Mari, moeten we weg voor deze kneuzen,' zei Manou tegen de jongens die eerst vrienden van Chico waren, maar omdat Manou vond dat Chico straf moest hebben waren het nu Manous vrienden, als je me nog snapt. Hij deed de deur open en liet iedereen binnen. Alle jongens, een stuk of tien, gingen op de banken zitten. Manou en ik stonden in de woonkamer en keken naar Jayson en Chico die elke minuut zenuwachtiger werden.

'Wil jij Mordechai even te eten geven?' vroeg Manou aan mij en keek naar Mordechai die bij Romario zat te schooieren om zijn wiet. Ik nam de hond mee naar de keuken en gaf hem een bak met brokken en een bak water.

'Goed, die jongen zat dus aan je zus, oké, ik kan van jou nog begrijpen dat je hem wou slaan, maar laat mij er de volgende keer buiten. Als ik nog een keer naar die Nederlander toe moet omdat jij ruzie met hem hebt, heb je ook ruzie met mij, gehoord!?' vroeg Manou aan Chico die alleen maar kon knikken.

'En jij, jij bent gewoon matties met die gast,' zei Manou boos en keek naar Jayson die van de zenuwen begon te lachen. 'Vind je het grappig?' vroeg Manou en deed met zijn vinger een gebaar dat Jayson bij hem moest komen. 'Moet ik nou echt je arm weer breken, net als de vorige keer?' vroeg Manou op een manier alsof hij het elke dag deed. Alle jongens zaten als gehypnotiseerd naar Manou te kijken, niemand durfde te bewegen. Manou pakte Jayson vast en gaf hem een stomp in zijn buik, daarna begon hij Jayson te trappen terwijl hij op de grond naar adem lag te happen. Jayson probeerde niet eens om Manou te laten stoppen, hij zei niks en vocht niet terug, hij liet zich gewoon helemaal in elkaar trappen omdat het Manou was. 'Laat ik je nooit meer zien met die jongen,' herhaalde Manou bij elke trap die hij Jayson gaf. De jongens keken naar Jayson die ineengekrompen op de grond lag. Toen Manou zich een paar minuten op Jayson had uitgeleefd, ging hij naar de keuken. Hij pakte sap uit de koelkast en dronk uit het pak. Daarna pakte hij mijn hand en zonder verder nog iets te zeggen liep hij met mij de deur uit en gingen we terug naar de kermis alsof er niks was gebeurd. Ik weet niet wat Jayson en die andere jongens hebben gedaan, ik denk dat die ook meteen weg zijn gegaan zodra Jayson weer kon staan.

Een andere keer moest ik met Juanez mee naar huis. Daar was Django, ik moest met hen allebei naar bed en mocht daarna weer weg. Juanez was als een vriend voor me geworden want ik was zo vaak bij hem en we hadden als we samen waren altijd veel lol. Dus toen ik die morgen werd gebeld met de mededeling dat ik die dag met Django en hem naar bed moest, vond ik het niet eens erg, ik vond het wel leuk om Juanez weer eens te zien. Django mocht ik niet zo, maar ja.

Ik ben die middag extra vroeg gekomen zodat we nog wat meer tijd hadden om een beetje bij te praten en daarna ging ik een voor een met hun naar boven. Dat was allemaal niet zo erg, ik was wel ergere dingen gewend. Toch is het raar dat je gewend kan raken aan dat soort dingen, dat ze zo normaal voor je worden als elke ochtend je tanden poetsen.

De laatste keer dat ik echt iets met die jongens moest doen was op een vrijdag. Ik had afgesproken met Jayson in de stad, zoals gewoonlijk. Hij wachtte op het Broodplein bij de coffeeshop. Toen ik aan kwam lopen zei hij dat hij een verrassing voor me had. Ik wist toen al dat het met seks te maken had, een verrassing bij die jongens is altijd iets met seks, drugs, meisjes, geld of wapens, maar aan Jaysons hoofd kon ik zien dat het over seks ging. We fietsten naar de Surinaamse wijk achter de stad en stopten daar bij een huis dat ik nog niet kende, terwijl ik door de jaren heen toch echt wel elk huis in Stenenmuur had gezien, dacht ik, het zag er vanbuiten behoorlijk verrot uit, alsof het zo uit de oorlog kwam. En vanbinnen was het ook niet echt geweldig. Het stonk er naar wiet en andere drugs. De trap was niet af en nog half kaal, op de vloer lag volgens mij tapijt of zo, ik weet het niet meer precies. Toen ik binnenkwam zat de hele kamer vol Antilliaanse jongens. De bedoeling was dat ik met hun allemaal naar bed ging. Uiteindelijk ging ik maar met drie of vier jongens naar bed, ik weet niet meer precies hoeveel, volgens mij vier... In ieder geval, na die vierde ben ik weggelopen.

De slaapkamer daar was echt vies, het bed stonk alsof het al in geen eeuwen was verschoond. De kamer was verder donker, de gordijnen waren dicht. Er was niet veel bijzonders, een kledingkast die bijna uit elkaar viel van ellende, een nachtkastje van de Ikea en een tv die het nog maar net deed. De vier eersten waren allemaal geweest, toen liepen ze naar beneden om de volgende jongens te halen. Toen zij de trap af liepen, heb ik me snel aangekleed en ben ik achter ze aan de trap af gelopen.

Ik ben nog nooit zo bang geweest, of eigenlijk wel, maar niet terwijl ik nuchter was. Mijn hart klopte zo hard in mijn keel dat ik bang was dat het eruit zou springen of dat de jongens het zouden horen kloppen. Ik liep de trap af en hoorde al die jongens in de woonkamer lachen, de woonkamerdeur stond op een kier, dus ze zagen me niet.

Ik sloop naar de deur en probeerde hem open te doen, maar hij zat op slot. Gelukkig waren ze vergeten de sleutel eruit te halen, dus ik draaide het slot om. Ik hoorde een harde klik toen de deur van het slot ging en keek achterom in de richting van de woonkamer. Een van de jongens stond in de deuropening en zag me bij de deur staan, ik voelde me alsof ik in een gangsterfilm zat, alsof ik uit een gevangenis ontsnapte of zo. Hij riep Jayson.

Ik trok de deur zo snel als ik kon open en begon te rennen, zo hard als ik kon, ik rende door de straat richting de stad, naar de mensen. Ik hoorde nog wat stemmen naar me roepen en een jongen probeerde me nog te krijgen, maar ik had een te grote voorsprong. Mijn hemel, ik heb nog nooit zo hard gerend. Ik stopte pas toen ik in een drukke straat stond waar genoeg mensen waren, zodat die jongens en Jayson niet meer naar me toe zouden komen. Bij mijn fiets begon ik te huilen. Ik wou dit niet meer, ik zou het niet trekken als ik hiermee doorging. Ik kon dit niet langer meer doen, wat Jayson of Manou ook zeiden, ik wou dit niet meer. Ik ging naar huis en ben het hele weekend niet meer buitengekomen. Het hele weekend nam ik mijn telefoon niet op, en die maandag ging ik naar school in plaats van naar Manou.

Op school merkte een docente aan mij dat er iets aan de hand was. Voor het eerst vroeg een docente aan mij hoe het met me ging. Nikki en ik moesten in een aparte kamer zitten en de docente vroeg net zolang aan mij wat er aan de hand was, tot ik zei dat er iets ergs was gebeurd, die vrijdag.

Ik keek Nikki aan en wou eigenlijk niks meer zeggen.

'Ik ga even koffie halen, willen jullie ook wat?' vroeg de docente, ik kan me haar naam niet meer herinneren. Nikki knikte en de docente liep weg.

'Ik ga haar echt niks vertellen hoor, Manou vermoordt me,' zei ik en keek naar de grond.

Wat wil je dan, bij hem blijven? Dat wordt je dood en dat weet je, als je het zegt kunnen ze je misschien helpen, dan kan je eruit komen,' zei Nikki en legde haar hand op mijn schouder.

'Trouwens, wat doe jij hier, moet je niet bij Juanez zijn? En wat doet zij schijnheilig, ik zit al vier jaar op deze school en nu komt ze voor het eerst vragen wat er aan de hand is. Fuck dat, ik zeg niks,' zei ik boos en keek naar de deuropening.

'Ik ben bang dat ik net als jij ga worden, Maria. Juanez wilde al een keer dat ik met die Django ging zoenen en hij stelde al voor dat ik doekoes voor hem ging maken,' zei Nikki en keek me bang aan.

'En bedankt, je wil niet zoals ik worden,' zei ik geërgerd.

'Je snapt me toch wel, ik ben gewoon bang,' zei Nikki en keek naar de docente die bij het koffiezetapparaat stond en net onze kant op keek. Ze glimlachte, ik keek boos. Ze kwam terug met een dienblad met drie kopjes erop en een bekertje met lepeltjes, melk en suiker. Ze ging voor me zitten en keek me heel lang aan.

'Ik weet allang dat je meer niet op school bent dan wel en ik weet ook dat je, als je hier dan bent, altijd stoned rondloopt,' zei ze en keek me bezorgd aan.

'Als je het al zo lang weet, waarom heb je dan niks gedaan,' zei ik en keek haar heel kwaad aan.

'Ik wist niet wat ik moest doen, maar nu weet ik dat het zo niet langer door kan gaan, dus wil ik weten wat er aan de hand is.' Ik vroeg of ze een goede reden wist waarom ik ook maar iets tegen haar zou moeten zeggen. Ze wist daar geen goed antwoord op te geven.

'Mari, vertel gewoon wat er vrijdag is gebeurd,' zei Nikki en pakte mijn hand vast.

'En jij dan, met je Juanez,' zei ik en probeerde de aandacht op haar te vestigen, wat natuurlijk niet lukte.

'Ik ben niet zo ver heen als jij, ik wil ook niet de dingen doen die jij hebt gedaan en ik weet niet of ik nog wel op hem ben, nu ik jou zo zie. Zo wil ik niet worden,' zei Nikki en keek naar de grond. Ik wist niet wat ik moest zeggen. Ik wist dat ze gelijk had, ik zag er niet uit en het ging ook helemaal niet goed met me, maar om dat van je beste vriendin te horen is best wel lastig. Opeens begon ik heel hard te huilen.

'Ik wil niet meer naar Jayson,' zei ik en Nikki hield me vast. De docente had intussen mijn moeder gebeld met de mededeling dat ik, wanneer ik thuiskwam, iets heel ergs aan haar moest vertellen. Ik wist dat dat moment ooit zou komen, maar waarom nu?

Ik had me helemaal afgesloten van alles en iedereen om me heen, net als ik altijd deed als ik bij Manou was. Ik keek de docente aan die een beetje angstig naar me keek.

'Weet je hoe het voelt om elke dag in een wereld te leven die je normaal alleen op tv ziet, waarvan je denkt dat je daar nooit in terecht zou kunnen komen? Ik weet hoe dat voelt, omdat jij, mijn moeder, iedereen me heeft laten zitten, jullie zagen allemaal dat er iets aan de hand was en niemand deed wat. En nu kom je bij me en wil je weten wat er aan de hand is,' zei ik boos, ik moest huilen en was boos tegelijkertijd. Ik wist dat ik nu moest kiezen tussen Manou en de andere mensen, zoals mijn moeder en zusje, de mensen die me voor mijn gevoel allemaal hadden laten zitten en nu, na vier jaar eindelijk bij me kwamen om te zeggen dat ze me wilden helpen. Ik wou opstaan en weglopen, maar iets hield me tegen.

'Vrijdag ben ik met vier mannen naar bed geweest en ik weet niet of ze een condoom hebben gebruikt, dus misschien ben ik zwanger, wil je nog meer weten?' vroeg ik op een sarcastische toon.

Ze keek me aan en wist niet wat ze moest zeggen.

'Hier was je niet op voorbereid, of wel? En nu, wat wil je gaan doen?' vroeg ik en stond op.

'Ga nou even zitten, liever,' zei ze en stond ook op.

'Ik ben je liever niet,' zei ik en ging weer zitten. Ik voelde in mijn zak mijn telefoon trillen. 'Ik ga even naar de wc,' zei ik en stond op.

'Vijf minuten,' zei de docente en keek naar Nikki die met haar handen voor haar mond naar de vloer zat te staren. Ik draaide me nog om, wierp de docente een hele kwade blik toe en liep naar de wc.

'Ik moet aan de docente vertellen wat er aan de hand is, wat moet ik nu doen? Ik kan niet niks zeggen, en straks zegt Nikki iets,' zei ik helemaal in paniek tegen Manou. Hij was even stil.

'Hoe kan het dat ze je nu opeens gaan ondervragen, dat hebben ze nog nooit gedaan, heb je iets gezegd wat niet mocht?' vroeg Manou. Zijn stem klonk een beetje angstig. Maar dat kon niet, hij was Manou, hij was voor niemand bang.

'Vertel iets over Jayson, je zegt niks over mij en noemt mijn naam niet, ik zorg ervoor dat je moeder mij gelooft en dat ze denkt dat ik bij jullie hoor, oké? Geef Jayson de schuld van alles en laat mij erbuiten. Hij heeft niks meer te verliezen, ik heb mijn hele business op het spel staan,' zei Manou en ik hoorde het geluid van een aansteker. 'Ik kom zo naar je toe, heb je al een morning-afterpil gehad?' vroeg Manou.

'Ik heb nog helemaal niks gehad, ik heb nog niks verteld, ik heb alleen gezegd dat ik naar de wc ging, dat is het,' zei ik en keek in de spiegel naar mezelf.

'Ga terug naar die vrouw en ik zie je straks bij de abortuskliniek bij het station, daar sturen ze altijd de meisjes heen die in het weekend zijn verkracht,' zei Manou en hing op. Ik wist niet wat ik moest doen, ik trok door en liep de deur uit.

In het kamertje was de sfeer om te snijden.

'Ga zitten, ik wil je nog wat vragen,' zei de docente en wees naar de stoel. Ik ging zitten en keek haar aan.

'Was die seks die je hebt gehad vrijwillig of gedwongen?' vroeg ze, met haar ogen een beetje fijngeknepen. Ik zei niks en keek naar Nikki, die zat daar maar voor zich uit te staren.

'Wat wil je dat ik doe, je moet het nu echt zelf vertellen, Maria, ik kan je nu even niet helpen, sorry,' zei Nikki zonder op te kijken, ze voelde dat ik naar haar keek.

'Gedwongen, maar dat wist je waarschijnlijk ook allang, net zoals je al bijna vier jaar weet dat ik in de shit zit,' zei ik op een sarcastische toon na een paar minuten stilte. Ze reageerde niet op mijn opmerking en ging verder met haar verhaal.

'Oké, dan ga ik even bellen en dan stuur ik jou en Nikki naar de abortuskliniek bij het station, daar kan je de morning-afterpil halen en voeren ze even een gesprekje met je.' Ik schrok toen ze dat zei, omdat Manou precies hetzelfde had gezegd. De docente belde iemand op en zei dat wij eraan kwamen, daarna schreef ze het adres op een papiertje en zei dat we het papiertje weg moesten gooien als we er waren, het was blijkbaar een geheim adres of zo. En Manou wachtte me daar op, lekker geheim! Ik nam het briefje aan en keek naar Nikki.

'Kom dan,' zei ik en pakte Nikki's hand.

We namen dezelfde weg als altijd als we naar de stad fietsten, maar we wisten allebei dat deze keer anders was. We reden naar het station, naar het adres dat op het briefje stond. Ik zag Manous auto staan in een zijstraatje. Ik tikte Nikki op haar schouder.

'Kom, daar staat Manou, ik ga even naar hem toe en dan gaan we, oké?' zei ik tegen Nikki die het pand aan het bestuderen was. Ze keek niet om en knikte alleen maar. Ik zette mijn fiets tegen het hek van het pand en keek om me heen. Ik zag mensen, veel mensen, ze waren zich allemaal aan het haasten om de trein of bus te halen. Ik zag een moeder met een kinderwagen, een oude man met een kleine jongen op de fiets, dat deed me denken aan mijn opa die vroeger altijd met mij hele stukken ging fietsen door de bossen. Ik zag kinderen naar school fietsen, een hele groep vriendinnen, lachen en fietsen. Ik keek naar Nikki, wij hadden dat ook gehad, we konden zo'n lol hebben om niks, ik miste dat echt. Nikki was alleen maar bezig met die Juanez en ik met Manou, ik had haar zo laten zitten. Opeens werd me duidelijk dat ik erbij was, dat ik dingen aan mijn moeder moest gaan vertellen en dat de kans erin zat dat ik Manou kwijt zou raken en Nikki en al die andere jongens met wie ik de afgelopen vier jaar toch echt wel lol had gehad. Even was ik in mijn eigen wereld, tot ik weer bij zinnen kwam door Manou die begon te toeteren omdat ik hem liet wachten. Ik keek op en liep snel naar zijn auto.

'Wat heb je tegen die docent van je gezegd?' was het eerste wat hij vroeg, hij leek een beetje nerveus. Hij keek me niet aan, keek alleen maar om zich heen, nu eens op zijn telefoon en dan weer naar de weg.

'Niks, alleen dat ik ben verkracht door een paar jongens afgelopen vrijdag,' zei ik en keek naar hem. De zon viel op zijn gezicht, het gaf zijn gezicht een gloed. Hij zat de hele tijd te friemelen aan het touwtje dat aan zijn telefoon zat.

'Luister, je verlult Jayson maar. Jayson, Juanez, Django en nog een paar van die onbelangrijke jongens, jij kan zelf wel beslissen wie dat zijn, de meesten heb je zelf geïnterviewd voor de baan, de rest hou je erbuiten. Ik ken je moeder, ik weet zeker dat ze naar de politie gaat,' zei Manou en keek weer op zijn telefoon.

'Ik moet het haar vanmiddag vertellen als ik thuiskom,' zei ik. Manou keek op naar Nikki, die nog steeds als een idioot naar dat stomme gebouw stond te kijken.

'Daar is Juanez, hij neemt Nikki even mee om te praten,' zei Manou.

'Dat kan niet, zij moet met me mee, die docente van mij heeft gebeld dat we met zijn tweeën komen,' zei ik. Manou riep naar Juanez dat hij en Nikki naar ons toe moesten komen.

'Geen zorgen schatje, ik regel alles, oké? Ik ga ervoor zorgen dat je moeder niet tussen ons in kan komen. Ik heb je nodig, Maria, serieus, zonder jou red ik het echt niet meer,' zei hij en keek naar Juanez die Nikki probeerde mee te krijgen naar Manou en mij.

'Nikki, luister, wat de politie je ook gaat vragen, je houdt je bek. Doe je dat niet, dan ben je dood en dan heb je nog niks aan die aangifte, gehoord?' zei Manou op een bedreigende toon.

Nikki keek hem aan en knikte alleen maar. Manou draaide zich om naar Juanez.

'Als haar moeder naar de politie stapt, hangen jullie. Dan heb ik meteen minder inkomsten, zorg ervoor dat er vanmiddag een bijeenkomst is, we moeten dingen even goed doorspreken, er gaan heel veel dingen veranderen als zij weg wordt gehaald. Ik laat het niet gebeuren dat iemand mij in de weg staat en Maria is van ons. We moeten ervoor zorgen dat we hoe dan ook contact met haar blijven houden, ga een telefoon voor haar regelen. De rest hoor je straks,' zei Manou tegen Juanez.

Juanez draaide zich om en liep weg. Nikki pakte mijn hand.

'Jij moet ervoor zorgen dat je moeder of iemand anders je telefoon niet afpakt, ik blijf contact met je houden, je gaat niks voor me achterhouden,' zei Manou en wees dreigend naar me. 'Geen zorgen Mari, als je achttien bent, ben je sowieso van mij, misschien al eerder, dan neem ik je gewoon mee naar het buitenland en gaan we daar samen rustig verder.'

'We moeten gaan,' zei Nikki en wees naar de klok die op het station hing. Manou knikte als teken dat ik mocht gaan en ik liep met Nikki mee. 'Laat die jongen gaan, Maria, je hebt geen leven bij hem,' zei Nikki nog, toen ze zag dat ik om me heen keek om te zien waar Manou was voor ik dat stomme gebouw in moest.

We liepen het gebouw in en ik keek om me heen. Nikki wees naar de balie waar je je moest melden. Het leek net alsof je bij een tandarts was, zo rook het. De vrouw achter de balie was echt zo'n 'tena lady ultra mini'-muts. Ze had zo'n bezorgde blik in haar ogen waar ik al helemaal niet op zat te wachten.

Het was echt zo'n vrouw die de *Libelle* las en met haar moeder de woordpuzzels oploste, ze had een bril op met zo'n touwtje om haar nek en ze had een blouse met bloemen aan. Ze zei dat we in de wachtkamer konden gaan zitten. De deur van de wachtkamer was van dat geribbelde glas gemaakt waar je niks doorheen kon zien.

Ik deed de deur open en zag rode stoelen. Nikki en ik gingen naast elkaar zitten en keken een beetje om ons heen, we zeiden geen van beiden wat. Aan de muur hingen allemaal posters van bloemen en andere dingen uit de natuur, alsof je daar rustig van werd. Er hing een grote spiegel aan de muur achter ons en er lagen op tafeltjes allemaal bladen over baby's en zo.

Opeens hoorden we ergens boven een deur opengaan. We keken allebei naar de trap, een witte trap met rode stoffen bekleding op de treden. Een meisje en een jongen kwamen de trap af. Zij moest heel erg huilen en de jongen liep er maar een beetje achteraan. Er werd nog een deur geopend, deze keer voor onze neus. Er stond een vrouw.

'Ben jij Maria?' vroeg ze en kwam op ons af. Ik keek haar aan en Nikki kwam dichter bij me zitten.

'Ja,' zei ik op een toon alsof niks me kon schelen. Ze kreeg een glimlach op haar gezicht. 'Je mag verder komen, neem je vriendin maar mee,' zei ze en deed de deur voor ons open. Ik stond op en Nikki pakte me bij mijn hand. Samen liepen we de kamer in. Het was eenzelfde soort kamer als de wachtkamer, alleen kleiner en er stond een computer. Ik ging zitten, Nikki ging naast me zitten en de vrouw tegenover ons. Ik weet niet meer of ze zich voor heeft gesteld, ik kan het me in elk geval niet meer herinneren. Het was eenzelfde soort vrouw als bij de balie, alleen dit was meer een geitenwollensokkendoos. Ze had grijs haar en een broek die haar tien keer dikker maakte dan ze eigenlijk was en ze rook naar een bejaardentehuis, je kent het wel.

Ze deed de la van haar bureau open.

'Ik geef je een morning-afterpil en je kan als je wilt alvast informatie krijgen over een abortus als je wilt, want als blijkt dat je toch zwanger bent, kan je het natuurlijk niet houden, je moeder ziet je aankomen, of niet soms? Ik heb hier een formulier dat je kan invullen,' zei ze en lachte een beetje. Ze zal het vast goed bedoeld hebben, maar bij mij viel het natuurlijk verkeerd.

'Jij weet niks van mijn moeder, dus hou je mond over haar, en ik ga mijn naam niet invullen want op school zeiden ze dat het anoniem was. Geef me die pil, dan kan ik weg,' zei ik en stond al op. De vrouw had waarschijnlijk niet op zo'n reactie gerekend, want ze gaf de pil en was meteen stil.

'Wil je de folder niet meenemen?' vroeg ze en keek me aan op zo'n schaapachtige manier. Ik nam de pil in en liep naar de deur, gevolgd door Nikki.

'Nee dank je, ik weet hoe een abortus werkt,' zei ik en liep de deur uit. De vrouw bleef zitten en keek ons na.

'Mijn hemel, wat een mens, haha,' zei Nikki toen we weer buiten stonden. Ik keek Nikki aan en ineens kregen we weer de slappe lach, zoals we vroeger altijd hadden. Even leek het alsof er niks aan de hand was, alsof we net uit een winkel kwamen en weer verder gingen naar de volgende, even hadden we samen echt lol. Al gauw werden we weer met de realiteit geconfronteerd, want Manou en Juanez stonden op de hoek op ons te wachten. Meteen waren we allebei weer stil.

'Wat is er zo grappig?' vroeg Manou en keek me heel gemeen aan. Ik keek hem aan en zei niks. 'Weet je wel dat je zo meteen je moeder helemaal kapot gaat maken, je moet haar vertellen over Jayson, Juanez, Django en al die andere jongens die je hebben geneukt voor geld, je bent gewoon een hoer, haha,' zei Manou. Daardoor voelde ik me echt heel slecht over mezelf, over alles eigenlijk. 'Je zusje, denk eens aan je zusje, wat gaat zij wel niet van je denken als ze hoort dat haar zus al bijna vier jaar een hoer is,' zei Manou en sloeg een arm om me heen. 'Als je het hebt verteld, moet je mij bellen en kom ik je moeder en je zusje steunen. Ik zal ze knuffelen en jou uitlachen in je gezicht, jij bent dan niks meer, ik ga door tot ik jullie allemaal kapot heb,' zei hij en keek naar Juanez, die ook moest lachen. Ik liet alles maar over me heen komen, ik hoorde het niet eens meer, ik dacht aan vroeger, aan mijn moeder en mijn opa en oma. Nikki deed denk ik hetzelfde, want haar ogen waren net zo leeg als die van mij.

Nikki en ik fietsten weer naar school.

'Wat als wij elkaar ook niet meer mogen zien?' vroeg Nikki na tien minuten stilte. Ik gaf geen antwoord op die vraag. Volgens mij wisten we allebei dat die kans best groot was. We fietsten langs het ziekenhuis, langs alle winkels. Langs de coffeeshop, waar we Manous auto zagen staan, langs de gracht die rook naar sloot en vis, langs de oude stadsmuur en de parkeergarage. De hele verdere weg naar school waren we allebei stil. Op school fietsten we over het parkeerterrein om de fietsen weg te zetten. Hand in hand liepen we naar binnen, bang voor wat er ging komen. Het was pauze, iedereen liep naar de aula. Nikki en ik waren de enigen die de andere kant op gingen.

Toen we de trap op wilden gaan, zag ik Manou in de hoek staan. Ik schrok me dood. Hij stond daar bewegingloos naar me te kijken. Zijn ogen stonden vreemd, het voelde of hij dwars door me heen keek, ik werd er bang van. Nikki duwde me en zei dat we wel langs hem moesten om naar boven te gaan. Ik keek Manou aan, die bleef staan en bleef me aankijken met alleen zijn ogen, zijn hoofd draaide niet mee. Ik liep heel langzaam langs hem heen, de eerste treden op. Ik wist dat hij iets zou gaan doen, maar wist niet wat. Nikki kwam achter me aan, halverwege de trap keken we om. Hij was weg. Dat vond ik altijd zo eng aan hem, soms verdween hij zonder geluid te maken, alsof hij kon zweven of zo. We liepen verder de trap op, terug naar de kamer van de docente. Ze stond al op ons te wachten in de deuropening.

'Kom maar even zitten,' zei ze en hield de deur weer voor ons open. Ik liep naar binnen en Nikki liep achter me aan. 'Ik wil dat je nu naar huis gaat en aan je moeder vertelt wat er gebeurd is,' zei ze. 'En ik denk dat ik ook met jouw ouders ga praten, jij hebt er ook iets mee te maken,' zei ze tegen Nikki.

'Waarvoor? Om te zeggen dat mijn vriendin al bijna vier jaar een hoer is en dat je al die tijd al wist dat er iets aan de hand was, maar niks hebt gedaan? Je doet maar!' zei Nikki en ze stond op. Ik stond ook op en liep met haar naar de deur.

'Ik zal je moeder bellen om te zeggen dat je eraan komt,' zei de docente.

'Doe geen moeite, dat heb je nooit gedaan, dus ik red me nu ook wel,' zei ik. Ik perste er nog een glimlach uit en liep weg. De docente zei nog iets, maar ik verstond niet meer wat.

Nikki en ik liepen weer de trap af de deur door naar de aula, iedereen was aan het lachen en lol aan het maken. Ik keek rond of ik Manou nog kon zien, maar die was al weg. Ik keek op mijn telefoon, ik had een sms'je van hem: 'Bel me als je het hebt verteld.' Ik wiste het. We liepen naar de fietsen en haalden die van het slot.

'Ik ga de andere kant op, dat is voor mij korter,' zei Nikki.

'Oké, ik ehm, ja... Ik bel je wel,' zei ik.

'Ja, doe maar,' zei ze met een soort glimlach op haar gezicht en reed weg.

Ik keek Nikki na tot ze de hoek om was voor ik zelf wegging. Ik nam een andere route dan meestal, alleen maar om tijd te rekken. Hoe ging ik dit in godsnaam tegen mijn moeder zeggen, Manou had gelijk, ze zou eraan kapotgaan en mijn zusje ook. Ik wou dit gestress niet meer, ik wou gewoon bij Manou blijven, wat zou er allemaal gaan gebeuren als ik het had verteld? Waar zou ik naartoe moeten gaan? Ik zou vast niet meer thuis kunnen blijven wonen. Ik was bang, misschien wou mijn moeder me wel niet meer zien. Misschien zou ze naar de politie gaan, dan zou ik ook kunnen worden opgepakt, ik had met drugs en wapens rondgelopen. Straks gingen ze me opsluiten of zo! Ik was helemaal in paniek.

Ik wou naar Manou, daar was het veilig, daar had ik mijn eigen plek, wist ik wat ik wel en niet mocht doen, waar ik stond en wat ik waard was. Ik wist precies hoe die wereld in elkaar zat. Die andere wereld, die mensen de 'normale' wereld noemen, kende ik niet en wou ik ook niet kennen, ik wou bij Manou blijven. Ik miste hem toen al, ook al had ik een hekel aan hem. Ik haatte hem maar hield ook van hem, niet dat ik verliefd op hem was, maar ik hield van hem als van een heel goeie vriend. Dat was hij voor mijn gevoel ook, ik was bijna elke dag bij hem geweest en nu zou dat niet meer kunnen.

Aan de andere kant, misschien zou ze inderdaad denken dat Manou te vertrouwen was, alleen die andere jongens, Jayson en zo, niet. Eigenlijk was ik ook wel blij dat ik het nu eindelijk kon vertellen, ik had zo vaak geprobeerd te laten merken dat het niet goed met me ging, door stoned thuis te komen of door heel erg kwaad op haar te worden in de hoop dat ik niet meer naar buiten zou mogen. En wat deed ze? Ze had me gewoon laten gaan. Als ik een dochter zou hebben die stoned thuiskwam, mijn hemel, ik zou haar desnoods vastbinden als het moest. Ik was boos op haar, maar ook verdrietig en bang, en tegelijkertijd voelde ik er niks van. Ik was best in de war.

Ik fietste langs het spoor, keek omhoog naar de appartementen, daar was ik een tijdje geleden nog met Jayson geweest. Ik keek of ik de jongen die daar woonde kon zien, maar zag niemand. Ik fietste door, langs de Chinees en het benzinestation dat door een Marokkaanse man en zijn zoons werd gerund. Ik reed de straat in waar het buurthuis stond, linksaf in de richting van de rotonde. Op de parkeerplaats van het winkelcentrum zag ik Manous auto staan, die stond gewoon al te wachten tot ik hem belde. Ik reed door, mijn straat in, ik reed zo langzaam mogelijk, een voetganger had me bij kunnen houden, maar toch was ik voor mijn gevoel aan het racen. Ik reed ons pleintje op, langs de speeltuin die bestond uit een glijbaan, een schommel, een zandbak, een wip en een paar bankjes. Mijn buurmeisjes waren aan het schommelen en riepen me of ik mee wou doen. Ik reageerde niet op hun vraag en reed door. Vlak voor mijn huis stopte ik om te zien of mijn moeders fiets er stond, gelukkig niet. Ik zette mijn fiets weg en ging aan de keukentafel zitten. Het was kwart voor drie, mijn moeder zou zo wel terugkomen.

Ik hoorde de voordeur, mijn zusje kwam binnen en keek me vreemd aan, normaal gesproken was ik nooit zo vroeg thuis. Ik vroeg haar waar mijn moeder was. Ze zei dat ze eraan kwam, dat ze de fiets in de schuur aan het zetten was.

Mijn hart begon sneller te kloppen, ik zou bij God niet weten waar ik moest beginnen. Ik dacht aan wat Manou gezegd had: ik kon alleen wat vertellen over Jayson, Django en Juanez. Ik keek door het keukenraam, mijn moeder keek terug en zwaaide, ze leek rustig, nog wel. Ze kwam binnen en gaf me een knuffel, die had ik echt nodig, ik had mijn moeder zo erg gemist. Ze had nog niets gezegd en glimlachte naar me.

'Zullen we even boven gaan zitten?' vroeg ze. Ze keek naar Sharon die bij de computer stond.

'Ga maar hoor, ik ga op de computer,' zei Sharon op een bitcherige toon. Mijn moeder liep voor me de trap op. Ik wist echt niet wat ik moest doen op dat moment. We liepen mijn kamer in en mijn moeder deed de deur dicht.

'Je docente heeft me gebeld en gezegd dat er iets heel ergs is gebeurd,' zei mijn moeder bezorgd.

'Ja, ik weet niet,' zei ik en keek naar de grond.

'Je moet het toch zeggen, Mari, ik word echt niet kwaad,' zei ze. Ik geloofde er niks van. Ik dacht aan Manou die zo'n hekel aan haar had, soms kon ik niet geloven dat mijn moeder echt zo'n kutwijf was als hij altijd beweerde. Maar ja, ik had niet veel te geloven, alles wat Manou zei was waar, klaar. Ik keek weer naar de grond.

'Vrijdag is er iets gebeurd,' zei ik.

'Oké, vertel maar,' zei ze.

'Ik moest met een jongen mee naar een huis en daar moest ik met een paar jongens naar bed,' zei ik, ik bleef naar de grond kijken, bang voor wat er ging komen.

'Heb je seks met ze gehad?' vroeg ze en haar stem begon een beetje te trillen.

'Ja,' was het enige wat ik uit kon brengen. Mijn moeder begon te huilen en me vast te houden, ik begon ook te huilen.

'Wat moet jij je eenzaam hebben gevoeld,' zei ze en kon niet stoppen met huilen. Ik voelde me echt heel ongemakkelijk, ik wou het liefst naar Manou.

'Dit is het allerergste wat je kan overkomen.' Ik wist dat ik beter mijn mond had kunnen houden.

Ze bleef nog een tijdje bij me zitten en moest alleen maar huilen, daarna belde ze de politie om te zeggen dat haar dochter verkracht was. Ik schaamde me dood, niet omdat ik bij Jayson was geweest en bij Manou, maar omdat ze het aan een vreemde vertelde. Ik werd er bijna boos om, maar ik wist dat dit niet het moment was om te zeggen wat ik ervan vond. Nadat ze de politie had gebeld, belde ze Manou. Hij deed net of het een halfuur duurde voor hij kon komen, terwijl hij gewoon om de hoek stond.

Na een halfuur hoorde ik zijn motor en kwam hij eraan. Ik was boven en mijn moeder liet hem binnen. Manou gaf mijn moeder een heel dikke knuffel en terwijl hij dat deed, gaf hij mij een knipoog. Ik voelde me op dat moment ontzettend schuldig. Ik speelde nog steeds een spelletje met mijn moeder. Maar voor ik mijn gevoel toe kon laten, zette ik het uit en liep ik naar Manou om door hem 'getroost' te worden.

De volgende dag moest ik gewoon naar school. Toen ik 's morgens beneden kwam was de sfeer niet echt goed, mijn moeder was nog steeds verdrietig of boos en mijn zusje was ook niet al te vrolijk. Toen ik weg wou gaan, hield mijn moeder me tegen, ze wou namen weten van jongens zodat ze die aan de politie kon doorgeven. Ik wou haar niks vertellen en liep de deur uit om mijn fiets te pakken.

'Je gaat pas weg als ik een paar namen heb, Maria,' zei mijn moeder en hield mijn fiets vast.

'Laat me los, ik zeg niks meer, ik heb al te veel gezegd,' schreeuwde ik en begon te huilen.

'Geef me dan één naam,' zei mijn moeder, ze had pen en papier in haar hand. Ik keek haar aan en rukte mijn fiets los.

'Jayson,' zei ik en reed heel hard weg.

Ik kon de hele weg naar school alleen maar huilen, mensen staarden me aan, maar dat kon me niks schelen, ik voelde me echt verrot. Ik wou eigenlijk het liefst naar mijn moeder voor een knuffel, maar Manou zat in de weg: zo mocht ik niet over mijn moeder denken, mijn moeder was slecht en niet goed voor mij, Manou was wel goed. Als je dat elke dag hebt gehoord, ga je het vanzelf geloven en je ernaar gedragen. Dat wist Manou ook, dus hij vertelde me dat soort dingen haast elke dag. Ik fietste naar school, naar Nikki, die helemaal verbaasd was dat ik nog naar buiten mocht. Ik lachte naar haar, maar we zeiden verder die dag niet veel tegen elkaar.

De weken daarna waren achteraf best wel naar. Mijn moeder was alleen maar met de politie bezig, ik moest aangifte doen van haar. Ze had al haar vrienden en familieleden intussen ook ingelicht, heel fijn. Ik mocht nog steeds naar school, al ging ik natuurlijk naar Manou.

Uiteindelijk had mijn moeder me zover gekregen dat ik wel aangifte ging doen. Mijn hemel, wat was dat vermoeiend. Ik mocht inmiddels niet meer naar school, omdat dat niet veilig was. Dus was ik of thuis of bij de politie. Eerst kreeg ik daar te maken met een man en een vrouw: Ineke en Dennis. Die waren gespecialiseerd in dit soort dingen. Ik moest alles vertellen wat ik wist. Eerst gewoon het verhaal in grote lijnen, zodat ze wisten waar het precies over ging. Daarna kwam de aangifte zelf. Ik zat hele middagen op het politiebureau. Ze wilden alle details weten, het was soms best wel gênant. Ze wilden bijvoorbeeld weten hoe ik seks met ze had gehad, welke standjes, wat voor ondergoed de jongens aan hadden, alles wat ik me kon herinneren. Ze lieten me foto's zien van Juanez en Jayson. Toen ik die foto's zag, begon ik te huilen, ik weet niet waarom. De politie zei toen dat ik niet meer kon doen alsof het me niks deed.

Elke dag rond vijf uur werd ik thuisgebracht door Dennis. Het duurde volgens mij in totaal maar een week, maar het voelde alsof ik er maanden had gezeten. Tussen mij en mijn moeder was er best wel veel spanning, omdat zij van alles aan me vroeg en ik er meestal geen antwoord op wilde geven, omdat ik vond dat het haar niks aanging. Ze probeerde ook via Manou allemaal namen te krijgen, hij kwam nog steeds bij ons. Soms mocht ik met hem mee voor de afleiding, dan dacht mijn moeder dat we iets leuks gingen doen. Hij ging verhuizen, dus ik zou hem daar zogenaamd mee helpen, maar ondertussen gingen we naar zijn vrienden in Zandstad. Al die jongens daar probeerden mij ervan te weerhouden aangifte te doen. Ze wilden dat ik de verklaring die ik al bij Dennis en Ineke had afgelegd zou intrekken.

Ik zat in Manous auto. We gingen een middagje iets leuks doen, had hij tegen mijn moeder gezegd.

Mijn moeder stond in de deuropening om me uit te zwaaien. Ik zette alvast muziek op. Er was een liedje dat Manou in de auto altijd als eerste draaide: *Jook Gal* van Elephant Man. Als ik dat liedje nu soms hoor, krijg ik weer kippenvel. Manou stapte in de auto en zei dat ik naar mijn moeder moest zwaaien. Dat deed ik en lachte naar haar. Ik zag haar daar staan en moest bijna huilen. Ergens diep vanbinnen wist ik dat ik heel veel van haar hield, maar dat liet ik natuurlijk niet toe dat gevoel, dat mocht niet van Manou. Ik keek hem aan, hij zat naar de weg te kijken. We reden mijn straat uit en gingen richting de snelweg. Toen we bijna op de snelweg waren, werd Manou opeens boos. Hij begon als een idioot op het stuur te slaan en de hele auto begon te trillen. Hij werd steeds bozer en ik zag zweetdruppels op zijn voorhoofd verschijnen. ik werd er echt bang van, maar ja, wat kon ik doen, uit de auto springen?

'Ik ga je kwijtraken als je aangifte gaat doen, en dat wil ik niet, dus gaan we er samen voor zorgen dat je bij mij kan blijven. Alleen bij mij, zonder dat gezeur van je moeder,' zei Manou op een toon die veel te rustig was voor zijn lichaamstaal. Ik zei niks en keek naar buiten, het was een beetje regenachtig en de lucht was grijsblauw. 'Je bent een vieze slet, weet je dat?' zei Manou en keek me aan.

'Kijk voor je alsjeblieft, ik wil nog niet dood,' zei ik en keek naar de weg en alle auto's die op ons afkwamen.

'Je bent al dood schat, je bent net zo dood en verrot als ik,' zei hij en keek me nog steeds aan. Een auto op de weg begon te toeteren. Manou keek weer voor zich en draaide zijn stuur bij, hij zette zijn auto in de berm en keek me diep in de ogen. 'Wil je soms bij me weg, wil je dat je moeder je heel ver weg stopt, weg van mij? Ze voelt namelijk nattigheid, ze is minder open naar mij dan eerst, heb jij daar misschien iets mee te maken?' vroeg hij, weer op een veel te rustige toon.

'Ik heb niks gezegd, alleen de dingen die ik van jou mocht zeggen,' zei ik en keek naar mijn voeten. Manou pakte de bovenkant van mijn arm en begon te knijpen. 'Laat me los Manou, je weet dat ik niks heb gezegd,' zei ik en probeerde me los te maken, maar dat lukte natuurlijk niet.

'Ik laat pas los als jij belooft bij mij te blijven, voor altijd. Ik wil kindjes met jou, Maria, jij bent het enige meisje dat ik een beetje vertrouw,' zei Manou en liet me los. Ik wist even niet wat ik moest zeggen, zoiets had hij namelijk nog nooit gezegd, niet op die manier.

'Ik ben een vriendin van je, meer niet, ik werk voor je, je doet me pijn, je haat me en nu wil je opeens kinderen van me? Je bent gek,' zei ik met een heel zacht stemmetje, bang dat hij boos zou worden. Manou begon te huilen. Hij deed dat wel vaker, om je te manipuleren, om je te laten geloven dat hij niet zo slecht was als je op dat moment dacht dat hij was.

'Het is nooit mijn bedoeling geweest om je zo te behandelen,' zei hij. 'Maar ik had geen keus, jij liet me geen keus.'

'Ik ben anders niet degene die naar me toe is gekomen toen ik twaalf was om me voor je te laten werken, hoor,' zei ik. Manou hield op met huilen. Er was een liedje van Nina Sky op.

'Luister eens goed naar me, ik ben altijd goed voor je geweest, ik had je allang kunnen verkopen aan een mattie van me uit Guinee, maar dat heb ik niet gedaan, omdat ik om je geef,' zei Manou en pakte mijn arm weer vast. 'Maar als je zo gaat doen, kan ik die man zo opbellen hoor, hij wil je zo komen halen.' Ik begon te huilen, ik voelde me heel eenzaam op dat moment, besefte ik achteraf. Manou hield op met dreigen en keek naar buiten. 'Zullen we maar gaan?' vroeg hij op een heel normale toon en keek me aan. Ik zat te trillen op mijn stoel, ik wist echt niet wat ik nu van hem moest denken.

Hij startte de auto en reed weg. We reden naar Zandstad, naar een huis van zijn vriend. Die was daar net komen wonen of zo. Manou zette zijn auto op de parkeerplaats voor de flat. Het was een flat van vijf verdiepingen. Het was een straat met allemaal flats naast elkaar, tussen de flats door liep een weg. Voor elke flat was een parkeerplaats. Verder waren er van die bloemperken met dode bloemen erin. Er waren geen speeltuintjes voor de kinderen die er woonden. Ik stapte uit en keek om me heen. Er liep een man met twee honden, het waren dezelfde soort grote enge honden als Manou had. De man en Manou groetten elkaar.

'Ik moet als we hier klaar zijn nog even bij die man langs, ik wil namelijk nog zo'n hond als Mordechai,' zei Manou terwijl hij zijn hand naar de man opstak. Ik keek de man na. Manou stond al bij het portiek van de flat en belde aan.

'Wie is daar?' hoorde ik een vrouwenstem.

'Met mij, Manou,' zei hij en duwde de deur open toen de vrouw op de knop drukte. 'Blijf je daar staan?' vroeg hij ongeduldig en hield de deur voor me open. Ik liep naar binnen.

'Laat mij maar voor,' zei Manou en ging voor mij uit de trap op.

Er stond een deur open op de derde etage. Manou pakte me bij mijn hand en we liepen naar binnen. Het huis was helemaal leeg, en het stonk er heel erg naar verf. In de woonkamer stonden een man en een vrouw. De vrouw was een echte negerin, ze was heel dik en haar haar was ingevlochten met heel veel nephaar in een heel andere kleur dan haar eigen haarkleur. Ze had een overall aan met allemaal witte verfvlekken erop. Ze was de muren aan het witten. De jongen kende ik, ik was ooit een keer met hem naar bed geweest, maar hij deed net of hij mij niet kende, dus ik speelde dat spelletje maar mee. Hij stelde zich voor als Delano, ik stelde me voor als mezelf. Hij pakte mijn hand vast en gaf me een knipoog toen de vrouw even niet oplette.

'Ik ben Deliya,' zei de vrouw en gaf me een hand. 'Ik heb van Manou gehoord dat Jayson je heeft verkracht. Ik ben de beste vriendin van de vriendin van Jayson en ik zeg je, van mij mag je naar de politie,' zei Deliya met een Antilliaans accent. Ik keek naar Manou, die gebaarde met zijn handen dat ik goed naar Deliya moest luisteren. Delano kwam naast Deliya staan en sloeg een arm om me heen. 'Wist je dat hij 31 is en twee kinderen heeft, met een derde op komst?' vroeg Deliya.

'Nee, dat wist ik niet,' zei ik en keek naar de grond.

'Nee, dat zeggen ze allemaal. Weet je wel dat mijn vriendin er helemaal aan kapotgaat als jij Jayson aangeeft? Wat moet zij dan, ze moet binnenkort bevallen en dan zit haar vriend vast,' zei Deliya en de toon van haar stem begon te veranderen. Ik snapte het niet. Een paar minuten eerder vond ze het nog best als Jayson werd aangegeven.

'Een paar minuten geleden vond je het niet erg als hij vast kwam te zitten,' zei ik en keek haar vals aan.

'Ga niet bitcherig tegen mij doen, schat, ik zeg je hoe het is en niet anders, ben je het er niet mee eens, dan is dat jouw probleem en als je fitti wilt, kom maar op,' zei ze en keek me aan zonder weg te kijken. Ik keek naar Manou, die haalde zijn schouders op, aan hem had ik ook nooit wat.

'En daar komt bij dat de politie je toch niet zal geloven, je hebt geen bewijs, niks, en al Jaysons vrienden zullen voor hem getuigen, jij hebt niemand,' zei Delano en hij had een hele vieze glimlach op zijn gezicht. Ik wist even niet meer wat ik moest doen, ik keek naar Manou in de hoop dat we weg zouden gaan.

'Kom eens mee,' zei hij en nam me bij mijn hand mee naar de keuken, die helemaal was afgeplakt voor de verf.

'Ik wil niet meer naar de politie, Manou,' zei ik zachtjes en begon te huilen. Manou begon me te knuffelen. Op zulke momenten, als ik me verdrietig voelde en Manou gaf me een knuffel, voelde ik me zo veilig, hij was zo groot en je kon hem zo goed knuffelen. Op zulke momenten vond ik ook altijd dat hij zo lekker rook, op zulke momenten vond ik alles fijn van hem. Toen Manou me losliet, was ik rustig geworden en we liepen weer terug naar de kamer. Manou bleef naast me staan met zijn arm om me heen.

'Zoals ik al zei, van mij mag je naar de politie, volgens mij is het wel goed voor hem om even te zitten, die viezerik,' zei Deliya. Ik keek haar aan en dacht bij mezelf dat ik haar gewoon moest laten praten, die veranderde blijkbaar elke seconde van mening en bracht mij alleen maar in de war. Ik kon beter naar Manou luisteren, die was tenminste te vertrouwen, dacht ik toen.

We gingen weer naar de auto. 'Delano had wel gelijk toen hij zei dat de politie je nooit gaat geloven als al Jaysons vrienden voor hem getuigen,' zei Manou en startte de auto. Ik zei niks en keek naar buiten, waar een man met zware boodschappentassen de deur van zijn portiek open probeerde te krijgen. Manou reed drie straten verder, naar de man met die twee honden.

'Blijf jij maar even zitten, ik ga alleen even tegen die man zeggen dat ik nog een hond erbij wil, dan kom ik weer terug,' zei Manou en zette muziek voor me op. 'Je weet hoe hij werkt,' zei hij en knikte naar de cd-speler. Ik keek Manou na tot hij de deur van het portiek achter zich dichttrok. Daar zat ik dan te wachten, ik heb de cd twee keer geluisterd voor hij weer terugkwam. Ik dacht eraan om de auto uit te gaan en weg te rennen, maar ja, waar moest ik dan naartoe? Alle mensen die ik kende, kende Manou ook, ze zouden me meteen terugsturen. Ik dacht er ook aan om tegen mijn moeder te zeggen dat Manou helemaal niet te vertrouwen was, dat hij ons helemaal niet probeerde te helpen en dat ik Manou al veel langer kende dan zij dacht, maar dat zou alles alleen maar erger maken, dus dat zette ik meteen uit mijn hoofd.

Ik dacht erover om met Manou weg te gaan, hij had het vaak over Afrika, over Guinee. Wij zouden daar met zijn tweeën gaan wonen, hij zou stoppen met pooier zijn en ik zou niet meer voor hem hoeven werken. Hij had het dan over een boerderij ergens in een dorp, ver weg van de stad, we zouden dan dieren hebben die ik leuk vond en we zouden gewoon rustig leven, zonder last te hebben van mijn moeder, de politie of iemand anders die ons kon storen. Als hij daarover vertelde, klonk het zo fijn, ver weg van alles gewoon rustig leven in plaats van elke dag te stressen als een idioot en alleen maar drugs te gebruiken om rustig te worden. Waarschijnlijk was het ook zijn bedoeling om het zo mooi over te laten komen. Eigenlijk wilde hij me verkopen aan een bordeelhouder daar en zelf weer weggaan, maar daar kom ik straks nog op terug.

Ik zat dus nog steeds in de auto te wachten tot Manou weer kwam. Ik keek uit het raam en zag niemand, geen kinderen, geen honden, katten, niks. Die buurt was echt doods, tussen de flats was er schaduw, er hing een heel nare sfeer. Heel veel ramen waren dichtgetimmerd met hout, heel veel waren er dichtgeplakt met kranten. Eindelijk, na een uur, kwam Manou de deur uit en op een heel rustig tempo naar de auto gelopen. Hij had altijd zijn eigen tempo, af en toe ergerde ik me daar dood aan, maar ik durfde dat natuurlijk niet te zeggen. Hij ging zitten en keek naar voren.

'Ik krijg nog een hond erbij,' zei hij na even stil te zijn geweest.

'O,' was het enige wat ik wist te zeggen.

'Is dat alles wat je te zeggen hebt?' vroeg Manou verontwaardigd. Ik zei niks en wachtte tot Manou wegreed, wat hij gelukkig een paar minuten later deed. We reden weer terug naar mijn huis. Tijdens die rit naar huis belde hij met een Amerikaanse man die ik weleens gezien had, die man die meisjes komt halen en drugs en wapens dealt met Manou. Het enige wat ze tegen elkaar zeiden, was: 'Fuck you, nigger', 'I kill you, nigger' en 'Nigger, I hate you'. Ze meenden het niet serieus, het was allemaal een grapje, zei Manou later, dat was hun humor of zoiets.

Toen we mijn straat inreden, zag ik de auto's van mijn tante en mijn opa en oma staan. Daar had ik dus echt geen zin in. Ze waren allemaal op de hoogte van wat er was gebeurd en ze probeerden overdreven normaal te doen tegen mij, terwijl ze eigenlijk zouden willen zeggen dat het mijn eigen schuld was, tenminste, zo kwam het op mij over. Mijn opa en oma zeiden altijd dat ik een keer met een gezonde Hollandse jongen thuis moest komen in plaats van alleen maar met die buitenlanders om te gaan. En nu dit allemaal was gebeurd, lieten ze me heel duidelijk merken dat het ze veel moeite kostte om normaal tegen me te doen. Ik stapte de auto uit.

'Doe gewoon wat ik zeg, dan komt alles goed,' zei Manou en pakte me bij mijn hand.

'Ik ben bang, Manou, mijn opa en oma en mijn tante vertrouwen je niet, ze zeggen elke keer tegen mijn moeder dat ik niet meer met je mee moet,' zei ik en bleef stil staan.

'Zolang je moeder me maar gelooft, dan is het goed,' zei hij en liep naar de deur waar mijn moeder al stond te wachten.

'Hai Mari, gaat het een beetje?' vroeg mijn moeder met een heel lieve stem. Ik knikte. Ze gaf me een aai over mijn hoofd en ik liep naar de deur van de woonkamer.

'Hoi jongen, kom binnen,' hoorde ik mijn moeder tegen Manou zeggen. Even wou ik me omdraaien en tegen haar zeggen waar Manou al jaren mee bezig was, maar natuurlijk hield ik me in en deed de deur van de woonkamer open met een glimlach op mijn gezicht.

'Dag Maria, hoe gaat het, meid?' vroeg mijn oma toen ik binnenkwam.

'Wat zie je er leuk uit,' zei mijn tante. Ik zei iedereen gedag en liep naar de keuken om wat te drinken te pakken.

'Wil je ook?' vroeg ik aan Manou die inmiddels ook in de kamer stond.

'Nee dank je, ik ga zo weer weg,' zei hij en hij had net zo'n nepglimlach op zijn gezicht als ik. Hij groette iedereen en vertelde even hoe het met hem ging, daarna ging hij weg.

'Laat jij hem even uit?' vroeg mijn moeder aan mij. Ik liep met Manou naar de gang.

'Ik bel je vanavond,' zei hij en gaf me een kus op mijn wang. Ik deed de deur achter hem dicht en liep weer naar de woonkamer, waar iedereen bijna in spanning op me zat te wachten. Ik deed alsof er niks aan de hand was en ging op de bank zitten.

'Ik wil me er eigenlijk niet mee bemoeien, maar ik vertrouw die Manou voor geen meter, eerst zegt hij dat zijn ouders een boerderij hebben en dan zijn zijn ouders weer zakenmensen,' zei mijn tante, en ze keek met een bezorgd gezicht mijn kant op. Ik reageerde nergens op en bleef voor me uit kijken.

'Ik vertrouw die jongen ook niet hoor,' zei mijn opa.

Gelukkig bleven ze niet lang en was het daarna weer wat rustiger in huis, voor zover dat kon. 'Ik zeg het niet graag, maar ik wil niet meer dat je met Manou een dagje weggaat,' zei mijn moeder tegen me.

'Hoezo niet?' vroeg ik meteen op een heel boze toon.

'Ik denk dat je tante wel gelijk heeft met wat ze net zei,' zei mijn moeder.

'Jij weet helemaal niks,' zei ik en wou weglopen.

'Ja, loop maar weer weg, jij kiest altijd de makkelijkste weg,' zei mijn moeder.

'Bemoei je niet met mij,' zei ik, en ik werd echt boos.

'Ik voelde gewoon toen jullie wegreden dat er iets niet klopt met Manou, ik weet soms ook niet wat ik van hem moet denken,' zei ze.

'Je hoeft niks van hem te denken, laat me gewoon met rust, ik hoef jouw gezeur niet,' zei ik en liep naar boven.

'Ik ben nog niet uitgepraat,' zei mijn moeder, en ze liep me achterna. Ik sloeg mijn kamerdeur hard achter me dicht en zette muziek op.

'Doe die muziek eens zachter, denk aan de buren,' riep mijn moeder op een harde, boze toon over de muziek heen, ze was achter me aan naar boven gekomen, iets wat ze heel vaak deed en waar ik echt niet tegen kon.

'Die buren doen toch hetzelfde!' riep ik, nog bozer dan ik al was.

'Sla niet zo'n toon tegen me aan, wat is er toch met je aan de hand? Zijn er dingen over Manou die ik nog niet weet?' vroeg mijn moeder.

'Jij weet helemaal niks van mij of van Manou, laat me met rust,' zei ik en keek naar buiten.

'Nee, ik weet inderdaad niks, omdat jij me nooit iets vertelt, hoe kan ik dan iets weten?' zei mijn moeder.

'Ik vertel je niks, omdat je dan alleen maar meer gaat zeuren,' zei ik en bleef naar buiten kijken. Mijn moeder was even stil en liep toen mijn kamer uit, omdat ze wist dat ik op dit moment toch niks ging zeggen, denk ik. Ik deed mijn kamerdeur weer dicht en pakte mijn telefoon. Net op het moment dat ik Manou zijn nummer wou intoetsen, belde hij mij.

'Heb je ruzie met je moeder?' vroeg hij en zijn stem klonk best wel vrolijk.

'Hoezo?' vroeg ik en keek naar buiten.

'Zie je me staan?' vroeg hij. Ik keek naar buiten, maar zag niemand.

'Nee,' zei ik kortaf.

'Je mag zeker geen dagjes meer weg met me,' zei Manou. Zijn stem begon te veranderen.

'Nee,' zei ik.

'Heb je soms iets gezegd wat je niet mag zeggen?' vroeg Manou en zijn stem klonk nu best wel dreigend.

'Ik heb niks over jou of ons gezegd, maak je maar niet druk,' zei ik op sarcastische toon.

'Hou je grote mond tegen mij, ik ben je moeder niet hoor,' zei Manou, alsof het wel normaal was dat ik zo tegen mijn moeder tekeerging.

'Denk erom, je kent mijn grenzen, je weet wat je van me bent, je bent niet meer dan een vieze hoer die voor me werkt,' zei Manou. Toen hij dat zei, begon ik te huilen, hij kon me zo in de war maken.

'Schatje, niet huilen, ik wil je niet kwijt. Luister, het komt allemaal goed, oké? Doe gewoon wat ik zeg en alles komt goed, dan zijn we binnenkort vrij van alle ellende,' zei Manou op een heel lieve toon. Ik wist het echt niet meer. Ik drukte Manou weg en ging op mijn bed liggen wachten tot mijn moeder naar boven riep dat het eten klaar was.

De week daarop moest ik naar een andere afdeling van de politie voor de officiële aangifte. Ik kreeg te maken met een man die toevallig ook Dennis heette en een vrouw die Anniek heette. Ik moest het hele verhaal weer opnieuw vertellen, met alle details die ik nog wist, ik kreeg weer foto's te zien van Juanez, Jayson en Django. Ik moest met de auto mee en alle huizen aanwijzen die ik me kon herinneren. Ik had natuurlijk eerst met Manou overlegd welke huizen ik wel en niet mocht aanwijzen. Verder waren het vooral hele lange dagen in een kamertje met die twee politieagenten. De een stelde de vragen, de ander typte alles in wat ik zei. Ze vroegen soms vijf keer hetzelfde, maar stelden de vraag dan steeds een beetje anders. Zo wilden ze controleren of ik niet loog, ze hadden daar allerlei trucjes voor.

Best vervelend, want heel vaak leek het alsof ze me niet geloofden, soms lieten ze het zelfs zover komen, brachten ze me zo in verwarring, dat ik zelf niet meer wist of iets nou wel of niet gebeurd was, terwijl het dan wel gebeurd was. De politie vroeg me elke keer of er nog iets was wat ik vergeten was, alsof ze wisten dat ik niet alles vertelde. Ik zei altijd dat er verder niks was gebeurd. Ik kon aan hun gezichten zien dat ze me niet geloofden, maar ze zeiden er verder niks over. Na een paar dagen, verspreid over ongeveer twee weken, hadden ze genoeg informatie om het onderzoek te gaan beginnen. De laatste dag dat ze me vragen stelden, bedankten ze me voor de medewerking en zeiden ze dat het wel heel zwaar voor me moest zijn, dat ze bewondering voor me hadden dat ik deze stap had durven zetten en meer van dat soort onzin. Ze hadden geen idee wat er nog meer allemaal was gebeurd, en ook niet dat ik met Manou had afgesproken wat ik wel en niet mocht zeggen.

De politie zou een onderzoek starten en als ze nog vragen hadden, zouden ze me bellen voor een afspraak. Ik vond het allang best, als ik maar niet meer naar dat politiebureau hoefde.

Ik voelde me al die tijd op dat bureau zo eenzaam, ik wou het liefst bij mijn moeder zijn, maar aan de andere kant wou ik ook bij Manou zijn, bij hem voelde ik me veilig, hoe gek dat misschien ook klinkt. Ik had ook momenten dat ik niks meer wilde, niet bij mijn moeder zijn en ook niet bij Manou, dan wou ik verdwijnen van deze wereld, weg van al het gezeur. Maar ja, dat kon niet, ik kon wel zelfmoord plegen, maar wat schoot ik daarmee op? Ik zou dan nooit weten hoe het verder zou gaan met mijn moeder en zusje, Manou en de politie.

Nadat ik aangifte had gedaan bij de politie, bedachten mijn moeder en vrienden van haar, Linoia en Devid, dat ik bij hen kon komen wonen, zodat ik rust kon krijgen, me op school kon concentreren en even uit mijn thuissituatie was.

Devid was een Antilliaanse man, hij was heel eigenwijs, zijn mening was volgens hem de waarheid, maar hij was ook heel lief en behulpzaam. Hij zat in de filmindustrie, volgens mij was hij producent, hij maakte allerlei korte filmpjes, ik kende hem al vanaf mijn geboorte. Zijn vrouw, Linoia, een Nederlandse, was een klein vrouwtje, kleiner dan ik. Ze was dun en allergisch voor bijna alles, dus moest er bij hen thuis veel biologisch gegeten worden. Ze was choreograaf. Ze hadden twee zoons, Percy en Sayed van achttien en twintig. Ze hadden ook een dochter, Moon van 24, maar die woonde samen met haar vriend Yesper in Arnhem.

Mijn moeder vertelde mij dat ik bij hen ging wonen en ik vertelde dat weer aan Manou, wat mijn moeder niet zo fijn vond, maar ze had denk ik voor zichzelf nog niet genoeg bewijs dat Manou echt niet te vertrouwen was. Ik zou 's weekends naar huis mogen, maar ze woonden in Almere, ik in Stenenmuur, dat ligt nogal een eind uit elkaar. Gelukkig, vond mijn moeder, wilden mijn opa, oma en tante af en toe wel heen en weer rijden. Alles was dus geregeld, ik ging voor een tijdje in Almere wonen. Ik wou helemaal niet bij die mensen wonen. Ik vond ze heel lief en Devid was een soort vaderfiguur voor me, maar om er te wonen, dat zag ik niet echt zitten. Maar ik had op dat moment niet echt veel te zeggen over wat ik wel en niet wou.

De avond dat mijn moeder me weg zou brengen, naar een parkeerterrein achter het bos bij ons in de buurt, voelde ik me echt verrot. Ik wou helemaal niet weg, ik wou bij mijn moeder blijven, maar dat liet ik natuurlijk niet aan haar merken, ik deed alsof het me niks kon schelen dat ik wegging. En ik deed alsof ik alleen maar naar Manou wou, geen idee waarom ik dat eigenlijk deed, maar het ging vanzelf. Ik had mijn tas al ingepakt en was klaar om te vertrekken. Ik had een telefoon van Manou gekregen, een nieuwe, zodat hij me af en toe kon bellen, mijn moeder vond het goed, ik was toch weg.

Mijn moeder en ik gingen op de fiets, met onze fietstassen vol vuilniszakken met kleren en zonder licht richting het bos. Die rit duurde ongeveer tien minuten, maar het voelde alsof hij uren duurde. Ik voelde me opgejaagd, alsof we in een maffiafilm speelden en moesten vluchten, dat zei ik ook tegen mijn moeder.

'Het is ook net een film, alleen kunnen we deze niet stopzetten,' zei ze. We reden het parkeerterrein op en moesten nog een paar minuten wachten. In die minuten hadden mijn moeder en ik nog best wel lol, dat is echt iets voor mijn moeder en mij, als er momenten zijn dat het bijna niet slechter kan, kunnen wij de humor ervan inzien. Die momenten waren er in die tijd best vaak.

Devids bus kwam het parkeerterrein oprijden en wij moesten

dus afscheid nemen. Linoia en Devid stapten uit en Devid wou nog even roken. Mijn moeder en ik knuffelden en mijn moeder begon te huilen, ik ook bijna, maar ik liet dat gevoel niet toe. Toen Devid klaar was, stapten we in en Linoia gaf mijn moeder nog een knuffel omdat ze zo erg moest huilen. We reden weg en in de achteruitkijkspiegel zag ik mijn moeder bij haar fiets staan. Dat beeld vergeet ik nooit meer, het was zo'n naar moment.

We reden naar Almere, onderweg haalden we patat bij een snackbar, want ze hadden nog niet gegeten. Toen we daar thuis aankwamen, waren hun zoons, Percy en Sayed, er ook. We aten de patat en omdat het weekend was, mocht ik bij Sayed op de kamer slapen, zodat Linoia mijn kamer in orde kon maken.

Die tijd bij Linoia en Devid was soms leuk, maar meestal heel erg saai. 's Morgens werd ik wakker gemaakt rond halfnegen, dan ging ik douchen en vaak ging ik dan met Linoia mee de honden uitlaten, Katzu en Kawitta. Devid zette ons dan af bij een natuurgebied daar in de buurt en hij ging dan door naar zijn werk. Als we terugkwamen, gingen we met zijn tweeën ontbijten, want verder was iedereen naar school of aan het werk. Na het ontbijt was er 'school', ik kreeg boeken die Linoia nog had van de jongens en daar moest ik dan maar de opdrachten uit maken. Verder kreeg ik een atlas voor mijn neus en moest ik landen uit mijn hoofd gaan leren, volgens haar was dat nuttig.

Ik zat de hele ochtend alleen, die opdrachten maakte ik bijna niet, ik zat alleen maar naar buiten te kijken en te denken aan Manou, me af te vragen wat hij op dat moment deed. Hij belde me elke nacht om te vragen hoe het ging, en om te zeggen dat het niet lang meer zou duren tot we weer bij elkaar zouden zijn en dat ik vooral mijn mond moest houden over hem. Ik miste hem heel erg.

Na 'school' gingen Linoia en ik samen lunchen, daarna moest ik nog even verder gaan met school. Linoia was trouwens een boek aan het schrijven, dus die zat de hele dag op kantoor te schrijven. Ze hadden nogal een groot huis met een groot kantoor achter de keuken. Het huis was nogal leeg ingericht, waardoor het nog groter leek. Meestal gingen we tegen vier uur boodschappen doen voor die avond. Mijn hemel, ik heb nog nooit zo gezond geleefd als in die tijd, met al dat biologische eten. Na het boodschappen doen, aan het eind van de middag, waren Percy en Sayed meestal wel terug van school. Ik hing dan een beetje bij hen rond tot zes uur, dan moesten we allemaal stil zijn, want dan kwam Devid thuis en die wou het journaal zien. Na het journaal gingen we eten, daarna de vaatwasser in- en uitruimen en dan douchen. Om kwart voor tien werd ik naar bed gestuurd, om de volgende dag weer precies hetzelfde te doen. En dat vijf maanden lang. Ik mocht alleen af en toe naar de stad met Linoia of Sayed, ik keek dan altijd of ik Manou toevallig zag lopen, dan zou ik weglopen naar hem, dacht ik.

Ik heb een keer in een weekend dat ik thuis was een brief naar Manou geschreven waar het adres in stond van het huis van Devid en Linoia. Ik wou het aan hem geven, maar heb dat uiteindelijk nooit gedaan. Met mijn stomme hoofd had ik dat briefje op mijn bureau laten liggen. Mijn moeder vond het natuurlijk en heeft meteen Devid gebeld. Die dag moest ik met Devid en Linoia in gesprek. Percy en Sayed werden naar boven gestuurd en ik moest beneden komen. Ik voelde dat er iets aan de hand was. Na een hele preek was de conclusie dat ik kon kiezen tussen naar Manou gaan of daar blijven. Ik kreeg tien minuten bedenktijd, daarna wou Devid het weten. Hij zou me, als ik voor

Manou koos, naar hem toebrengen met al mijn spullen, hij zou zich niet meer met mij bemoeien en alleen nog mijn moeder helpen en steunen, omdat ze dan echt haar dochter kwijt was.

'Je bent als een dochter voor me en ik hou van je, maar als je zulke briefjes aan Manou gaat geven, moet ik je wel zo behandelen, dan breng je namelijk ook mijn eigen gezin in gevaar,' dat was wat hij zei. Eigenlijk kon ik nu dus krijgen wat ik wou, bij Manou zijn, maar ergens wist ik dat dat niet de oplossing was voor dit alles. Toen Linoia en Devid na tien minuten terug de kamer in kwamen begon ik te huilen en zei ik dat ik niet terug wou naar Manou. Ik bood mijn excuses aan en we hebben het er daarna nooit meer over gehad.

Mijn moeder kreeg toen ik al drie of vier maanden in Almere woonde last van haar rug, iets met een zenuw. Het was kerstvakantie en ik was thuis, bij haar. Mijn zusje was de hele vakantie met een vriendin weg, die zou pas na oud en nieuw terugkomen. Dus ik zei tegen mijn moeder dat ik haar echt niet alleen kon laten, ze kon niet eens haar broek aankrijgen, en ik mocht langer thuisblijven.

In die vakantie heb ik er alles aan gedaan om haar duidelijk te maken dat ik niet meer naar Almere wou, ik deed daar niks behalve de hele dag alleen aan een tafel zitten om zogenaamd huiswerk te maken.

'Je zal echt geen last van me hebben,' zei ik, en: 'Ik wil echt niet meer naar Almere toe, mag ik alsjeblieft hier blijven?' Ik vroeg het op mijn allerzieligst, maar het had geen effect, toen het wat beter met mijn moeder ging, moest ik gewoon weer terug.

'Ik zou je ook het liefst hier hebben, maar het is beter als je nu even daar bent, ik moet weer werken en dan ben je de hele dag alleen thuis, dat wil ik niet,' zei mijn moeder dan. Ja, wat kan je daar nou tegenin brengen? Mijn opa bracht me terug, in de auto kreeg ik nog ruzie met hem.

'Ik word echt misselijk van je!' zei hij, ik weet niet eens meer waarom, ik was de hele autorit verder stil en mijn opa zat alleen maar te preken en te schreeuwen. Ik zei niks en keek naar buiten, het was weer even alsof ik bij Manou in de auto zat.

In Almere ging mijn opa gelukkig snel weg en ik ging maar eens naar mijn kamer om mijn tas uit te pakken. Devid zat weer voor het journaal, we gingen eten en ik moest weer om kwart voor tien naar bed. En zo begon het weer: elke dag de honden uitlaten, ontbijten, school, lunchen, boodschappen, journaal, eten en naar bed. Een paar weekenden daarna, toen ik weer eens thuis was, zei ik dat ik echt niet meer terug wou.

De politie had laten weten dat mijn moeder en ik bij de officier van justitie moesten komen, want er zouden drie rechtszaken komen: tegen Juanez, Jayson en Django. Ik schrok heel erg toen ik hoorde dat Jayson was opgepakt, ik vond het fijn en moest huilen. Ik kan dat gevoel echt niet beschrijven, maar het was best wel verwarrend.

Ik mocht van mijn moeder thuisblijven, in elk geval tot na de rechtszaak. Dus de vrijdag daarop nam ik al mijn kleren mee, al zei ik tegen Linoia en Devid dat ik thuis alles ging uitzoeken en dan alleen de kleren mee terug zou nemen die ik ook echt droeg. Zij dachten dat ik nog terug zou komen na die rechtszaak.

Van Manou hoorde ik in die tijd niks. Hij belde niet, niks. Ik dacht dat hij weer in het buitenland was voor zaken. Mijn moeder en ik gingen nog naar de officier van justitie, die had nog wat vragen voor mij en mijn moeder. Eigenlijk meer voor mij, maar mijn moeder gaf het meeste antwoord en liet mij nauwelijks uitpraten. Ik snapte heus wel dat ze behoefte had haar verhaal te vertellen, maar ik ergerde me dood toen ze voor mij bijna alle vragen ging beantwoorden. Na dat gesprek gingen we weer naar huis.

Mijn moeder dacht dat het beter met me ging, ook omdat Jayson vastzat en ik zei dat ik niks meer met die jongens te maken wilde hebben en geen contact meer met ze had. Manou vertrouwde ze nog steeds niet helemaal, maar ze wist volgens mij nog steeds niet goed of ze daar gelijk in had of niet. Zij en Devid hadden bedacht dat ik wel weer naar school kon, anders zou ik te veel missen en het was ook wel goed voor me, dan had ik wat afleiding.

Ik moest dan wel naar de school waar mijn moeder als docent drama werkte. Ik zou daar een opleiding zorg en welzijn gaan doen, omdat ik nog geen diploma had. Eerst wou ze me elke dag brengen en halen, maar ik had het al snel zo geregeld dat dat niet meer hoefde. Ik vond niks aan die opleiding en ik deed ook helemaal niet mijn best, ik vergat altijd mijn boeken, maakte nooit mijn huiswerk en ik lette nooit op.

Daarbij kwamen nog die rechtszaken van die jongens. De eerste zaak die voorkwam was die van Jayson. Mijn moeder, een hulpverlener en de beste vriendin van mijn moeder gingen met me mee. Linoia en Devid waren er ook, maar die zaten op de publieke tribune. Jayson werd door twee politiemannen naar zijn stoel begeleid. Hij keek mij heel boos aan en ging zitten. De rechter begon met de zaak. Ik was de hele tijd aan het trillen en mijn hart klopte de hele zitting lang in mijn keel, ik was echt bang. De rechter stelde Jayson heel lastige vragen, waardoor hij boos werd, hij stond op en wou de rechter aanvliegen, hij werd door politieagenten naar achteren gebracht om even af te koelen.

'Net goed dat hij zo doet, dan ziet de rechter ook hoe die man in elkaar steekt,' zei mijn moeder. Ze zat twee stoelen verder, ik wou namelijk niet naast haar zitten. Ik ergerde me dood aan haar omdat ze de hele tijd haar mening ging geven en wilde laten merken hoe boos ze was op die jongens.

Jayson werd veroordeeld tot anderhalf jaar gevangenisstraf waarvan tweederde voorwaardelijk, en hij had al een tijd in voorarrest gezeten, dus het kwam erop neer dat hij nog maar een paar maanden moest zitten. Hij moest mij ook duizend euro smartengeld betalen. Hij had geeneens geld, hij leefde van Manou en die ging mij echt geen duizend euro geven. In die rechtszaak moest Manou ook getuigen. Tegen mijn moeder had hij gezegd dat hij ons zou helpen, maar in zijn getuigenverklaring gaf hij Jayson gelijk.

Toen mijn moeder dat hoorde, zag ik haar gezicht veranderen. Ik keek haar aan en zij mij, het duurde maar een paar seconden, maar dat waren er al genoeg voor haar om te weten dat Manou foute boel was. Na die rechtszaak hadden we een feestje om te vieren dat Jayson vastzat. Niet dat het echt een feestje was, mijn moeder was volgens mij wel blij dat de eerste zaak achter de rug was, maar ik was zelf dus niet zo blij, want ik wist dat Manou er ook nog was.

Een paar weken daarna had ik nog twee rechtszaken achter elkaar, die van Django en Juanez. Die waren nog erger om mee te maken, ik moest huilen toen ik hen zag. Van Manou had ik nog steeds niks gehoord. Ik had mijn moeder al een beetje verteld dat Manou niet echt goed was en dat hij ook met de foute jongens omging. Dat ik vier jaar bij hem ben geweest, heb ik haar pas kort geleden verteld.

Na al die rechtszaken ging ik weer naar school. Een van mijn vriendinnen daar was Amanda. Wat ik toen alleen nog niet wist, was dat Amanda ook bij Manou hoorde. Zij moest van hem kijken waar ik was en wat ik deed. Amanda was negentien en woonde al drie jaar op zichzelf. Ze werkte in een restaurant en ze zat dus op school. Ze had lang bruin haar en kende iedereen die op school rondliep en daarbuiten. Ze was echt zo'n meisje dat alleen maar met negers omging, heel veel shopte en altijd te weinig geld had, maar toch redde ze het elke maand met de huur. Heel veel meisjes waren jaloers op haar, omdat ze er altijd leuk uitzag, een mooi figuur had en ze was nog aardig ook.

In de pauze kwamen er ook altijd heel veel jongens die ik kende van Manou op school langs. Zij keken ook met wie ik omging en wat ik deed. Omdat het nieuwe schooljaar toen nog maar net was begonnen, kon de conciërge nog niet zien wie er wel en niet op school hoorde.

Ik werd ook elke ochtend achtervolgd door een jongen op een fiets, hij wachtte me dan op een bepaald punt op en fietste dan de hele weg naar school achter me aan. Ik deed niks en vertelde pas na een paar weken aan mijn moeder dat hij er was. Ze lichtte natuurlijk meteen de politie in. Later werd het op school zelfs zo dat jongens van Manou het parkeerterrein opreden en gewoon de school in liepen, op zoek naar mij. Ik zat op vrijdagmiddag vaak in een lokaal aan de voorkant van het gebouw, dat op het parkeerterrein uitkeek, dus ik kon altijd zien wie eraan kwamen, maar zij konden mij ook zien. Als ik die jongens zag aankomen, ging ik naar de docent, die joeg ze dan weg met de conciërge.

Die jongens bleven dan gewoon buiten het hek wachten. Daar konden ze niks tegen doen, zeiden ze op school, omdat dat een openbare weg was, en ze deden niets verkeerds, ze stonden daar alleen maar. Er waren dagen dat ik echt door die groep heen moest om weg te komen, ze gingen geen centimeter aan de kant en de conciërge kon niks doen, alleen maar vragen of ze aan de kant wilden gaan. Dat was echt niet leuk.

Een tijdlang werd ook mijn band elke dag lekgestoken. Volgens mijn moeder was dat zodat ze me konden vragen of ik hulp nodig had, of een lift naar huis, dan zouden ze me weer naar Manou brengen. Ik heb van Manou in die tijd niet echt meer iets gehoord, ik zag hem alleen nog af en toe langsrijden.

Na een paar maanden op die school te hebben gezeten, ging ik eraf. Ik had nog een gesprek met mijn moeder en mijn mentor. Die zei dat deze opleiding niet echt iets voor mij was, dat ik niet gemotiveerd was en dat ik veel te angstig was. Ik mocht het nog proberen tot de zomervakantie, maar hij dacht niet dat ik mijn diploma zou gaan halen. Dat wist ik al sinds de dag dat ik hoorde dat ik deze opleiding moest gaan doen. Mijn hemel, ik zag mezelf al werken in een bejaardentehuis of een kinderdagopvang. Ik werd al gek bij de gedachte alleen al: de hele dag oude mensen of krijsende kinderen om me heen. Maar ik moest het dus nog even proberen van mijn moeder en van mijn mentor.

Ik wou eigenlijk ook naar Manou, ik miste hem. Ik had Amanda wel, maar ik miste het om bij hem te zijn, lol met hem te hebben en ik miste het zelfs om voor hem te werken. Ik miste alle jongens, de stad en mijn oude leventje. Ik wist nog een hotmailadres van hem, dus toen mijn moeder nog op school was en ik zogenaamd de ochtend vrij was ging ik op msn en voegde ik zijn hotmailadres toe. Hij was online.

Toen ik tegen hem begon te praten, deed hij eerst alsof hij even niet wist wie ik was, hij zei dat hij zo veel Maria's kende, daarna was hij heel blij dat ik hem had toegevoegd en daarna werd hij boos omdat ik zo lang was weggeweest. Hij wou meteen afspreken voor die week, hij zou er dan voor zorgen dat we voor altijd bij elkaar konden blijven, dat we samen gelukkig zouden worden en dat we geen last meer zouden hebben van mijn moeder. We zouden naar het buitenland gaan om daar te wonen en te trouwen, we zouden kinderen krijgen en al die onzin.

'Dat had je ook al eerder gezegd, maar ik ben niet je vriendin, toch? Gewoon een vriendin,' zei ik tegen hem.

'Ja, maar jij bent het enige meisje dat zo dicht bij me staat, je bent deel van mij en mijn leven. Je bent goed voor deze wereld, je weet hoe je de dingen moet doen, dat moet in je zitten. Het zit in jou en in mij, dus kan je nagaan hoe goed ons kindje zou worden als ik hem of haar zou inwerken,' zei hij op msn, met van die smileys erbij. Manou had in onze gesprekken altijd zo op me ingepraat over onze toekomst samen, dat ik me helemaal voor kon stellen hoe het er dan allemaal uit ging zien. Ik kreeg dan zelfs zin om met hem mee te gaan. Ik wist heus wel dat we, als ik met hem meeging, nooit zouden trouwen of kinderen zouden krijgen, ergens wist ik dat hij me zou gaan verkopen omdat ik te gevaarlijk voor hem werd nu ik niet meer zo dicht bij hem was als eerst. Toch wist hij ook dat ik hem nog lang niet had losgelaten, dat ik nog helemaal aan hem vastzat en dat hij macht over me had.

Terwijl mijn moeder dacht dat het wat beter met me ging, was ik langzaam weer terug aan het gaan naar Manou. Ik sprak hem ondertussen elke dag op msn, zelfs als mijn moeder ook thuis was, dan haalde hij gewoon zijn foto van het scherm en deed er een van een kikker of zo in de plaats. Zijn naam veranderde hij dan in Amanda. Ik had zijn nummer ook onder 'Amanda' in mijn telefoon staan en hij belde me elke nacht om één uur als mijn moeder in bed lag. Dan fantaseerden we over ons leven samen, terwijl we allebei stiekem wisten dat dat er nooit zou komen. Op een gegeven moment spraken we af dat we op een donderdagmiddag, een week later, achter de kerk zouden afspreken, en dan zouden we samen weggaan.

'Dan kunnen we eindelijk weg uit deze wereld en hebben we geen last meer van je moeder. Ga maar slapen, ik zie je morgen, welterusten lieve schat,' zei hij in het laatste telefoongesprek voor ik hem zag. Ik hing op en heb de hele nacht niet geslapen omdat ik zo zenuwachtig was.

Toen was het donderdag. Die dag zou ik voor de laatste keer alleen zijn met Manou, maar dat wist ik toen nog niet. Ik ging die ochtend net als altijd naar school, ik deed de hele ochtend hetzelfde als ik elke ochtend deed. Ik had tegen mijn moeder gezegd dat ik pas 's avonds thuis zou komen, want ik ging bij Amanda iets voor school afmaken. Dat vond ze goed. Op school sprak ik met Amanda af dat ik zogenaamd bij haar zou zijn die middag, voor het geval mijn moeder haar zou bellen. Ik moest om één uur achter de kerk op het bankje zitten.

Om halfeen ging ik weg van school, ik zei dat ik een afspraak had, ik weet niet eens meer met wie, of wat ze zeiden, maar ik mocht weg. Ik liep de klas uit en Amanda gaf me nog een knip-oog. Ik liep de trap af naar beneden. Ik was bang dat ik mijn moeder of een andere docent zou tegenkomen, maar die waren natuurlijk allemaal aan het lesgeven. Ik liep de deur uit naar het fietsenhok om mijn fiets te pakken, wonder boven wonder was mijn band niet lek en kon ik weg. Ik fietste de stad in, langs de weg die ik al vier jaar fietste, naar het bankje waar ik al vier jaar naartoe moest om te wachten tot het tijd was. Ik zette mijn fiets op mijn vaste plek en ging zitten op het bankje.

Het was aan het eind van het jaar, het was koud. Ik weet nog dat er een oliebollenkraam stond. Ik keek ernaar en dacht aan mijn moeder en aan hoe graag zij oliebollen at. Ik keek omhoog naar de kerk en dacht aan een gesprek dat ik een keer had gehad met een buurman die ik altijd opa noemde. Hij legde me toen uit waarom hij in God geloofde en waarom ik in God zou moeten geloven. Hij was een oude Antilliaanse man en hij kende de hele Bijbel uit zijn hoofd. Als hij erover vertelde, zag ik in mijn hoofd plaatjes van hoe de wereld er toen uit moet hebben gezien, zo mooi kon hij vertellen. Onder de kerk stond een groepje van vier jongens, ik kende ze, een van hen was het ex-vriendje van mijn zusje. Ik zei niks tegen ze en deed net of ik ze niet zag, gelukkig waren ze te druk met hun drugsdeal om op mij te letten. Ik vroeg me af hoe mensen in een God konden geloven als ze zagen wat er allemaal gebeurde op straat. Als er echt een God was, zou hij dat niet laten gebeuren. Ik zou nooit in een God kunnen geloven, daarvoor is er met mij te veel gebeurd.

Ik zat dus te wachten, maar Manou kwam niet. Om halftwee werd ik gebeld.

'Ben je er al?' klonk Manous stem.

'Ja, ik ben er al een halfuur,' zei ik en ik keek om me heen of ik hem ook zag. Ik zag zijn vrienden al overal staan, bij de hoeken van het stadhuis en de cafeetjes, om te kijken of er geen politie aankwam.

'Ik ben er bijna, oké, geef me nog vijf minuten. En als ik kom, wil ik wel een kusje van mijn schatje, hè?' zei Manou met een heel lieve stem. Ik werd altijd verlegen als hij zo tegen me praatte, ook al wist ik dat ik nooit zijn vriendin zou worden.

'Ik wacht hier op je,' zei ik en hing op.

Na vijf minuten zag ik Manou vanachter de kraam aan komen lopen, mijn hart begon als een idioot te kloppen. Ik stond op. De vrienden die bij hem waren, liepen allemaal een andere richting op, Manou kwam als enige mijn kant op. Toen hij me zag, verscheen er een glimlach op zijn gezicht. Ik voelde me zo raar worden van binnen. Ik liep op hem af en ik wierp me bijna in zijn armen. Hij begon me te knuffelen en liet me een paar minuten lang niet meer los. Ik voelde me zo veilig in zijn armen, ik deed mijn ogen dicht en dacht aan niets, ik voelde niets meer, ik rook zijn parfum, ik voelde zijn babyblauwe badstoffen pak en dat was het. Hij gaf me een kus en was blij me te zien. Ik vond het zo fijn om weer bij hem te zijn. Hij was zo stoned als een kanarie en hij had zijn enkel verzwikt, tijdens het basketballen zei hij, dus hij liep mank.

We gingen op weg naar de v&d, naar het restaurant boven.

'Ik heb zin om iets te eten,' zei hij en pakte mijn hand vast. We liepen door de straat die naar de v&d leidde.

'Hey Manou, alles goed jongen? Wat heb ik jou al lang niet meer gezien, waarom kom je niet meer op school?' hoorde ik een stem achter ons zeggen. Manou draaide zich om en er stond een man.

'Ik kom volgende week weer, ik kon niet lopen, nu nog steeds niet, maar mijn vrouwtje had me nodig,' zei hij en hield mijn hand omhoog terwijl hij dat zei.

'Laat haar hand maar niet los, er zijn genoeg mannen die zo'n mooi meisje willen hebben,' zei de man, en hij liep door met een glimlach op zijn gezicht.

'Wie was dat?' vroeg ik, terwijl ik de man nakeek.

'Dat was mijn docent van economie,' zei Manou.

We liepen de v&d in, de roltrap op naar boven, de volgende roltrap op naar het restaurant. Het rook er net als altijd, overal liepen moeders met kinderen en vaders die erachteraan sjokten, spijbelende meisjes die sieraden aan het kijken waren in de uitverkoop, vrouwen alleen die vrij waren en kleren gingen kijken. Er was een man die aanbiedingen omriep, heel irritant. Op de roltrap naar het restaurant rook het al naar broodjes en taart, echt zo'n v&d-geur, je weet wel wat ik bedoel. Boven aan de roltrap liepen we naar de broodjes en het drinken. Omdat Manou bij de v&d had gewerkt, kende hij daar alle mensen en kreeg hij korting. Manou nam een ham-kaascroissant en een of andere rare juice, ik nam alleen een juice.

We gingen aan een tafeltje zitten ergens in de hoek bij het raam. Manou at zijn broodje met mes en vork, wat bijna onmogelijk was, want als je naar dat broodje keek, viel het al bijna uit elkaar.

'We gaan zo even naar Stenenmuur-Oost, ik moet even wat bij een vriend van me halen,' zei Manou en hij nam een hap van het broodje. Ik zei niks en keek hem alleen maar aan.

'Je wordt elke keer dat ik je zie mooier, ik kan niet wachten tot we bij elkaar zijn,' zei Manou. Ik nam een slokje van mijn drinken, het was echt smerig, maar ik dronk gewoon door. Manou stopte met eten en pakte mijn hand vast.

'Je hebt toch niks verteld, hè?' vroeg hij op een rustige toon.

'Nee.'

'Waarom mag ik dan niet meer bij jullie thuis komen, en waarom mag je dan niet meer met me mee?' vroeg hij en begon harder in mijn hand te knijpen.

'Denk je dat mijn moeder gek is of zo, toen bij die rechtszaak merkte zij toch ook dat het voor geen meter klopte wat je deed, je zei tegen haar dat je voor ons partij ging trekken en wat doe je? Je geeft Jayson gewoon gelijk,' zei ik. Ik had meteen al spijt dat ik dat tegen hem had gezegd. Zijn blik veranderde meteen en hij keek me heel gemeen aan.

'Je moet je mond houden, ik doe dit allemaal voor jou, zodat we bij elkaar kunnen zijn,' siste Manou.

'Wij zullen nooit bij elkaar zijn, Manou, dat weet jij ook wel, wij gaan nooit trouwen of kinderen krijgen,' zei ik met een heel zacht stemmetje.

'Wil je dat niet dan? Is ook goed hoor, dan breng ik je naar Guinee en ga ik daarna weer weg, dan zoek je het maar uit.'

'Waarom moet ik eigenlijk naar Guinee, als je toch weer weg-gaat, kan ik toch net zo goed hier blijven?' zei ik en keek naar beneden. 'Hier kan je van me weglopen, daar niet. Trouwens, ik heb daar werk voor je geregeld, hetzelfde als je hier voor mij deed, maar dan voor een andere jongen, het is daar wel wat warmer en er is lekkerder eten, dus dat is alleen maar fijn, toch?' zei Manou en ging weer verder met zijn broodje, of wat daar nog van over was. Bij de gedachte dat ik voor hem werkte en niet weg kon lopen, was hij ineens weer een stuk vrolijker. Ik zei maar niks en bleef rustig zitten.

Toen hij klaar was, stond hij op.

'Zet even de glazen en mijn bord weg, ik wacht bij de roltrap,' zei Manou en liep weg. Ik pakte zijn bord en de glazen, een oude man die naast ons zat keek me aan en gaf me een knipoog, wat hij daarmee bedoelde wist ik niet. Ik liep naar de lopende band om de glazen weg te zetten. Daarna liep ik naar de roltrap, waar Manou stond te wachten. Hij pakte mijn hand vast en we gingen de v&d uit. We liepen door de stad terug naar de kerk, daar moesten we eerst naar de winkel van een vriend van hem, daarna zouden we doorlopen naar het station en de bus pakken naar Stenenmuur-Oost.

'Ken je Maria nog?' vroeg Manou aan de jongen die achter de kassa stond toen we de Britain in liepen.

'Hoe kan ik haar nou vergeten,' zei de jongen, ik was even zijn naam kwijt.

'Ken je mij nog?' vroeg hij en kwam achter de kassa vandaan. Het was een dikke Marokkaanse jongen, met zijn baardje en snor perfect in vorm geschoren: een ringbaardje dat doorliep naar zijn bakkebaarden. Hij had een gestreept shirt aan met een broek waarvan het kruis op de knieën hing en schoenen die te wit waren. Hij had in zijn oren van die diamanten oorknoppen, een grote zilveren ketting om en heel veel ringen met grote stenen erin om zijn vingers. Hij stak een van zijn dikke worsthandjes uit om me een hand te geven, gelukkig vond Manou het niet erg als ik hem geen hand gaf.

'Hm, dan niet, ik ben Mo,' zei hij en gaf me een knipoog. Ik zei niks en keek de winkel rond. Gelukkig ging Manou met hem praten en lieten ze mij even met rust. Ik keek naar de babykleertjes en -schoenen die in een hoek stonden, en daarna naar een heel mooi roze jasje en schoenen die helemaal vol glitters zaten, die vond ik zo mooi, maar ik wist dat Manou die kinderachtig vond, dus keek ik snel naar iets anders. Na vijf minuten konden we gaan.

Manou pakte weer mijn hand vast, alsof ik een klein kind was dat anders weg zou lopen en we liepen de winkel uit, naar het station. Onderweg kwamen we nog allemaal scholieren tegen die vrij waren. Ik keek naar ze en wenste bijna dat ik nu op school zat, desnoods bij wiskunde, het maakte me niet uit, alles behalve dit, bij Manou zijn...

Op het station stapten we op de bus naar Stenenmuur-Oost. Het duurde een halfuur om er te komen, omdat de bus overal stopte. Ik zat naast Manou en hij had zijn hand op mijn knie, daarna sloeg hij zijn arm om me heen en gaf hij me een kusje op mijn wang. Hij deed net alsof ik zijn vriendin was.

'Lach eens naar me?' zei hij zachtjes in mijn oor. Ik deed mijn best om te lachen, volgens mij kon iedereen zien dat ik daar heel erg mijn best voor moest doen. Toen de bus eindelijk stopte voor de flat van die jongen pakte Manou mijn hand weer en stapten we uit.

We stonden midden in een wijk met alleen maar flats, het was heel erg bewolkt en het leek alsof het elk moment kon gaan regenen. We liepen naar een flat die er hetzelfde uitzag als elke andere flat in de buurt. Hij was heel hoog, van bruine baksteen, met een witte ingang. We liepen naar de lift en Manou drukte op de knop voor de negende verdieping. In de lift hing aan elke wand een spiegel. Ik zag mezelf naast Manou staan en dacht aan mijn moeder. Ik vroeg me af of ik haar nog gedag kon zeggen of dat ik meteen met Manou weg zou gaan, maar dat zou ik hem straks wel vragen. Manou kwam dichter bij me staan en hield me vast.

'Maak je niet druk, oké? Ik zorg ervoor dat alles goed komt,' zei hij en knuffelde me. Ik liet hem zijn gang gaan. De lift stopte, Manou stopte met knuffelen en we stonden op een lege galerij. Het was koud en de wind waaide heel hard. Ik liep achter Manou aan naar een van de laatste huizen.

'Hé man, kom binnen,' zei een jongen die al in de deuropening stond te wachten.

'Hai, ik ben Nigel,' zei de jongen en gaf me een hand. Het was een kleine, dunne jongen, met een broek die veel te hoog zat en een T-shirt in zijn broek. Hij hield de deur voor ons open en Manou liep als eerste naar binnen. We liepen meteen naar de woonkamer en ik ging naast Manou zitten. Hij had een bank, een tv en een bed in zijn woonkamer staan. Zijn kleren lagen in en rond een grote koffer in de hoek. De kamer was wit en het rook er naar mannendeodorant. De gordijnen waren bordeauxrood en zaten dicht. De jongen ging op het bed zitten, ik zat op het puntje van de bank. Manou deed mijn jas voor me uit, alsof ik dat zelf niet kon. Hij deed mijn shirt een stukje omhoog, zodat mijn onderrug onbedekt was. Hij begon me daar te zoenen. Ik keek naar hem met een blik van: WAT DOE JE?!? Manou begon te lachen.

'Daar word je verlegen van hè, schatje?' zei hij en ging weer rechtop zitten.

'Haal jij even de papieren?' vroeg Manou aan de jongen terwijl hij mijn hand pakte en die begon te zoenen. Ik snapte niet waar hij nou mee bezig was. Hij hoefde nu niet aan de mensen van buiten te bewijzen dat ik zijn 'vriendin' was. Deze jongen wist allang dat dat niet zo was. Ik zei maar niks en liet hem maar een beetje mijn arm zoenen. De jongen kwam terug met een mapje in zijn handen. Manou pakte het mapje uit zijn handen alsof het iets heel kostbaars was.

'Kijk schatje, dit is onze sleutel tot de vrijheid,' zei Manou en deed het mapje open. Hij haalde er een paspoort uit en nog wat andere papieren.

'Kijk eens wie er op de foto staat?' zei hij met een grote glimlach op zijn gezicht. Manou hield het paspoort open en hield de foto voor mijn gezicht. Ik keek en wist even niet wat ik moest zeggen: hij had mijn foto in een paspoort laten zetten. Er stond ook in dat ik achttien jaar was.

'Dan hoeven we niet nog twee jaar te wachten,' zei hij en deed het paspoort weer dicht.

'We gaan vanmiddag naar Rotterdam, een vriend van mij is al hiernaartoe komen rijden,' zei Manou en gaf de jongen de papieren terug. Hij zakte weer onderuit en sloeg zijn arm om me heen.

'Waar gaan we naartoe dan?' vroeg ik en keek eerst Manou aan en toen die jongen toen ze geen van beide antwoord gaven.

'Je gaat helemaal niet met me mee, of wel?' vroeg ik en keek Manou weer aan.

'O jawel hoor, ik ga met je mee, maar daarna moet je het zelf doen,' zei hij en hij haalde een voorgedraaide joint uit een zakje dat op tafel lag en stak hem aan.

'Het is zo tijd om te gaan,' zei Manou en ging voor me op de grond zitten. 'Stel, er gaat iets mis binnen nu en het moment dat we in de auto zitten. Stel, je moeder komt erachter en weet je te vinden, of we komen haar zo meteen tegen in de stad als we naar de auto gaan, denk er dan goed aan om niets te zeggen over wat je allemaal van mij weet en hebt gezien, begrepen?' zei Manou op een heel normale, rustige toon.

'Waarom zou mijn moeder nu ineens komen? Ze denkt dat ik bij Amanda ben,' zei ik en keek in Manous lege donkere ogen.

'Ik vroeg of je het begrepen had,' zei Manou op een iets minder normale toon en haalde een mes van onder de tafel tevoorschijn en hield het voor mijn neus.

'Weet je, Juanez zei ooit tegen me dat je het wel geil vindt, die spelletjes die we met je spelen,' zei Manou en ging zachtjes met het mes over mijn keel en mijn gezicht, het was alsof hij me ermee wou aaien.

'Ja, ik heb het begrepen,' zei ik met een zacht stemmetje. Manou hield het mes stil op mijn keel en drukte iets harder. Ik werd er niet eens echt bang meer van, ik was er al zo aan gewend geraakt dat iemand me een mes op de keel zette.

Yesper, die jongen uit de snackbar, had een paar weken daarvoor tegen me gezegd: 'Ik weet niet wat Manou met je heeft gedaan, maar jouw ogen zijn nu net zo leeg als die van hem. Je moet nu echt oppassen, straks word je net zo gek als hij en ben jij straks degene die mensen laat verdwijnen, die het leuk vindt om mensen pijn te zien hebben. Dat is wat hij wil, Maria, en hij stopt niet tot hij dat heeft bereikt.' Daarna heb ik hem nooit meer gezien.

Manou liet het mes zakken toen hij zag dat het me niks meer deed. Hij pakte onze jassen en trok me van de bank.

'Wij gaan, dus zeg elkaar maar gedag, want ik weet niet of jullie elkaar nog een keer zullen zien,' zei Manou en liep alvast naar de deur. De jongen pakte mijn hand en zei dat ik goed op mezelf moest passen. Ik zei niks en liep naar Manou.

'Ik bel je als ik er ben, dan weet je wat je moet doen,' zei Manou toen de jongen ons uitzwaaide in de deuropening. Ik wist niet wat hij daarmee bedoelde, maar ik vroeg niks en liep als een hondje achter Manou aan, die over de galerij naar de lift hinkte. We liepen naar de bushalte om met de bus naar het station te komen. Manou hield mijn arm vast omdat hij last had van zijn been, dat zei hij tenminste. We waren bijna bij de bushalte toen het opeens heel hard begon te regenen. Meestal vond ik regen niet erg, ik vond het juist fijn om buiten door de regen te fietsen, dan was er bijna niemand meer op straat en keek ik in de huiskamers om te zien wat de mensen deden, meestal was dat tv kijken of computeren. Ik fietste dan altijd heel langzaam, dan was ik helemaal in gedachten verzonken, dat vond ik fijn. Maar vandaag hield ik er niet van, de regen was voor mij ook anders dan normaal. Ik was nu ook niet alleen, maar liep met zo'n dikke neger aan mijn arm. Manou probeerde zo snel mogelijk bij de halte te komen. De bus was er al maar wachtte op ons, omdat Manou zwaaide.

We stapten de bus in en gingen bijna achterin zitten, allebei bij een raam. Bij de volgende halte kwamen er allemaal brugklassers om ons heen zitten. Manou pakte mijn hand vast en keek de hele tijd heel kwaad naar de jongetjes die naast ons zaten, van wie de tassen bijna groter waren dan zijzelf. De hele rit naar het station hebben we niks tegen elkaar gezegd.

Bij het station stapten we uit, het was gestopt met regenen. Buiten rook het heel lekker, het was best koud, maar... Ik weet niet, ik vond het wel fijn buiten. Op het station was het niet druk, en de mensen die er liepen hadden allemaal haast. Iedereen rende naar de trein of de bus, iedereen behalve Manou. Hij liep heel rustig, met mij aan de hand, naar de overkant van de weg. We liepen de lange straat richting het centrum door.

'Ik heb een vreemd voorgevoel,' zei Manou toen de Oude Poort in zicht kwam. 'Alsof er zo iets gaat gebeuren.' Ik keek om me heen maar zag niemand die ik kende, ik zag alleen een rode auto, die al drie keer langs ons was gereden. Elke keer als die auto uit mijn zicht was verdwenen, werd Manou gebeld. Ik zag ook een paar van Manous negers fietsen, ze groetten hem en reden daarna weer door, het was ook niet echt weer voor Antillianen en Afrikanen. Het was hun veel te koud en te nat, die zaten nu allemaal binnen voor de playstation of met een of ander meisje. Ik zag verder alleen maar scholieren fietsen. We liepen langs de Oude Poort in plaats van eronderdoor zoals Manou meestal deed. Ik zag de rode auto weer, er zat een man in met lange dreadlocks, meer zag ik niet, hij reed een straatje in direct naast de Oude Poort. Daar aan het eind van dat straatje stond hij stil en stapte de man uit. Hij keek onze richting op en stak zijn hand op, Manou deed hetzelfde. We stonden op de stoep om de weg over te steken. Manou hield mijn hand stevig vast, dit was het laatste stukje dat er nog iets mis kon gaan, we hadden het bijna gehaald en ik voelde dat Manou er zweethanden van kreeg. We liepen al op de weg toen Manou opeens stopte.

'Ik zal niet stoppen met zoeken tot ik je weer bij me heb,' zei Manou zacht in mijn oor. Ik wist niet wat hij daarmee bedoelde, veel tijd om daarover na te denken had ik ook niet, want achter Manou zag ik mijn moeder aan komen fietsen. Ik wist niet wat ik moest doen, Manou liet mijn hand los en bleef me aankijken. Ik zag het gezicht van mijn moeder, ik heb haar nog nooit zo boos zien kijken. Ze kwam heel hard aanfietsen en liet haar fiets vallen. Ze kwam bij me staan en pakte me vast. Ze begon tegen Manou te schreeuwen, ik weet niet meer wat, maar ik weet wel dat ik best wel bang was voor mijn moeder op dat moment, alleen liet ik het zo min mogelijk merken. Manou probeerde zich nog uit de situatie te redden, maar daar trapte mijn moeder natuurlijk niet in. Alle mensen die over de stoep liepen, keken naar mijn moeder en Manou.

Ik weet niet precies meer wat er verder gebeurde, ik weet alleen nog dat ik Manou zag bellen op de stoep toen mijn moeder me meetrok naar haar fiets, en dat ze de hele weg terug naar huis tegen me bleef praten, boos of verdrietig, ik weet het niet meer. Toen we thuiskwamen, stond mijn zusje ons al op te wachten.

'Ze was in de stad, bij Manou,' zei mijn moeder en keek me niet aan. 'Ik wil dat jij vandaag nog hier weggaat, je bent ziek, je weet echt niet meer wat je doet,' zei ze tegen me en pakte de telefoon.

'Sorry,' zei ik tegen mijn zusje die best wel boos naar me keek. Ze draaide zich om en ging verder met waar ze mee bezig was op de computer. Mijn moeder kwam na een halfuur naar beneden, haar make-up was uitgelopen.

'Waarom ben je naar hem toe gegaan, Maria? Ik snap het echt niet,' zei mijn moeder. 'Je kan je spullen gaan pakken, ik breng je zo weg naar een opvang ergens in de stad, morgen gaan we naar bureau jeugdzorg en ik ga daar niet weg tot ze een plek voor je hebben in een opvang of iets, ik wil je niet meer thuis hebben, je bent blijkbaar nog lang niet sterk genoeg om bij die dikke zwarte pad weg te blijven,' zei ze, en ze liep naar de keuken.

Ik voelde me zo schuldig, het liefst wilde ik haar knuffelen, zeggen dat het me speet, dat ik het nooit zover had mogen laten komen, dat ik haar al een paar jaar eerder had willen vertellen wie Manou was. Ik voelde me zo slecht over mezelf. Maar ik wou ook terug naar Manou en ik was boos op mijn moeder dat ze me bij hem had weggehaald. Aan de andere kant wist ik dat ik hier, als mijn moeder niet zou zijn gekomen, niet meer was geweest, dat ik haar dan nooit meer had gezien… Ik liep naar boven en deed wat kleren in een tas, ik nam mijn schrijfboek mee, een pen, mijn discman en mijn muziek. Ik zei mijn zusje gedag en ging met mijn moeder mee naar de opvang.

Het was een crisisopvang, een internaat. Mijn moeder liep met me mee naar binnen. Er stond een man in de deuropening op ons te wachten, blijkbaar wist hij dat ik kwam. Mijn moeder zat de hele tijd om zich heen te kijken of Manou ergens was of een van zijn vrienden. Best wel lachwekkend vond ik dat, alsof Manou zich zou laten zien, die wist allang dat ik hier was. We werden een kantoortje binnengelaten en gingen zitten op een stoel. De man stelde zich voor, ik zou bij God niet meer weten hoe hij heette. Zijn kantoor was wit en leeg, het rook er naar de plek op het station waar je je kaartjes koopt. Maar dan iets muffer. Ik weet niet meer hoe het eruitzag, daarvoor was ik te ver weg in mijn eigen wereld, bij Manou. Ik weet nog wel dat ik die avond ging roken. Aan de andere kant van het hek, aan de overkant van de straat, zag ik Manou staan. Ik zag ook een gat in het hek waar ik makkelijk doorheen kon, maar iets hield me tegen.

Ik heb de hele nacht gehuild, ik heb me nog nooit nog zo eenzaam gevoeld als toen. Ik wou bij mijn moeder zijn en bij Manou, ik voelde alles door elkaar en tegelijkertijd voelde ik helemaal niks. Ik moest huilen, maar voelde niet waarom, ik was boos, maar wist niet op wie. Ik had mijn muziek aan en ik heb geschreven, de hele nacht...

De volgende ochtend werd ik wakker gemaakt door een vrouw. Ik weet nog dat ik aan de ontbijttafel zat en dat ik moest eten van dat mens. Ik weet niet meer hoe ze heette, maar wel dat ze dik en donker was. Ik weet nog dat er een jongen tegenover me zat die een witte boterham met vruchtenhagel at en een kop thee dronk waar meer suiker dan thee in zat. Verder weet ik niet meer wie er allemaal rondliepen. Om negen uur kwam mijn moeder me halen. 'Wat zie jij er beroerd uit,' was een van de eerste dingen die ze tegen me zei. Ik voelde me zo verrot, ik had niet geslapen en ik dacht alleen maar aan Manou, wat hij tegen me zou zeggen als hij bij me was, wat ik zou moeten doen als ik bij hem zou zijn. In mijn hoofd hoorde ik zijn stem tegen me zeggen wat ik moest doen. Ik zag hem voor me, ik rook zijn geur. Ik werd er bang van: ik had hem één dag niet gezien en ik werd nu al gek. Ik had hem wel vaker een dag niet gezien, maar dit keer was het anders dan alle vorige keren, ik wist dat ik hem nu heel lang niet meer zou zien, tenzij ik zou weglopen en naar hem toe zou gaan. Maar ik wou eerst zien waar ik die dag terecht zou komen.

'Kom, we gaan, ik heb een afspraak geregeld met een man bij bureau jeugdzorg,' zei mijn moeder, en ik zei de vrouw gedag en ging met haar mee.

Bij bureau jeugdzorg hebben we van ongeveer tien uur 's ochtends tot drie uur 's middags gezeten. Er werd besloten dat ik die middag door een man naar Bodemstad zou worden gebracht, om daar tijdelijk te worden ondergebracht tot er plek zou zijn in een ander internaat, of ik zou gesloten gaan. Die dag bij bureau jeugdzorg was heel erg saai,maar toch hadden mijn moeder en ik nog wel lol samen. Zoals altijd als een situatie bijna niet erger kan, kregen wij de slappe lach. We kregen van die vieze kleffe kantinebroodjes en mijn moeder kreeg heel slappe koffie. Toen ze daarvan dronk, dacht ik aan Manou en hoe hij zijn koffie dronk: met een beetje melk en veel suiker.

We zaten in een kamer met veel blauw, er stonden twee grote kamerplanten en een bureau in de vorm van een maandverband met vleugels, je weet wel, met zo'n absorberende laag en zo. Er stond een computer, overal lag heel veel papier en lagen er documenten, er stond een foto van een vrouw met een kind. Er hingen van die schilderijen met rustgevende afbeeldingen erop. En de geur leek op die van een wachtkamer in een ziekenhuis. Echt een typische 'bureau jeugdzorg'-kamer.

Rond drie uur kwam er dus een man die me vertelde dat ik naar Bodemstad ging, ik moest naar huis met mijn moeder om mijn tas te pakken en dan zou een andere man me weer ophalen. Mijn moeder vond het duidelijk allemaal vreselijk. Ik ergerde me daaraan omdat het mij op dat moment niks kon schelen, ik was alleen maar met mijn hoofd bij Manou en hoe ik weer bij hem kon komen.

Mijn moeder en ik gingen naar huis. Mijn zusje was er niet, die zat op school, ik zei tegen mijn moeder dat ze haar maar de groeten moest doen, ik ging nog snel douchen en ik deed een paar kleren in mijn tas, ik keek niet eens goed welke. Toen ik beneden kwam, stond de man die me zou brengen in de kamer, hij wou niks drinken en wou meteen door. Ik keek mijn moeder aan, die al tranen in haar ogen kreeg. We liepen naar de voordeur, naar buiten naar de auto van die man. Mijn moeder gaf me een dikke knuffel en terwijl ze dat deed, keek ik naar de buurjongen die achter haar met gebaren vroeg waar ik naartoe ging. Het enige wat ik kon doen was gebaren dat ik wegging en dat hij moest bellen. Naar Manou, bedoelde ik. Mijn moeder liet me los en moest huilen.

'Daar ga je weer, ik ga je heel erg missen,' zei ze en veegde een traan van haar wang, ik kreeg wel medelijden met haar, maar liet het niet toe, want Manou zou ook geen medelijden hebben, hij had een hekel aan haar, dus ik ook, ook al had ik dat diep vanbinnen helemaal niet. Ik stapte bij de man in de auto en we reden weg. Ik keek nog een keer achterom, niet naar mijn moeder, maar naar de buurjongen die inderdaad aan het bellen was. Ik keek nu pas naar de man die me bracht. Hij was heel mager en helemaal niet het type man dat in de jeugdzorg werkte. Hij rookte als een idioot in zijn auto en hij had best wel lol met zichzelf, geen idee waarom. Hij had ongekamd bruin haar en droeg een spijkerbroek en een geruit shirt. Hij praatte niet veel, het enige wat hij vertelde was dat hij net een nieuwe vriendin had, dat het haar auto was waar we in reden, dat hij geen kinderen had en niet wilde trouwen.

We reden heel lang, volgens mij nam die man allemaal omwegen zodat ik niet meer wist hoe ik terug moest komen, we reden door bossen, zelfs over zandpaden, en nergens ben ik een bord tegengekomen waarop stond waar ik was. Ik wist alleen dat het internaat bij Bodemstad in de buurt was, maar het had geen zin voor die man om zo moeilijk te doen over de route, want Manou wist allang waar het lag. Hij had het er weleens over gehad dat hij de meisjes die weg konden van het terrein ophaalde, en dat ze dan gewoon weer bij hem terugkwamen.

Het was aan het schemeren toen we aankwamen, ik keek om me heen en zag allemaal boerderijen. Ik had al meteen geen zin meer. We reden naar een boerderij die De Hazenburcht heette. Ik stapte uit en zag een kleine Turkse man staan. Hij had een grote neus en een heel dominante uitstraling, alsof hij dacht dat hij iedereen de baas was. Ik bekeek hem van top tot teen. Hij had een bruinige ribbroek aan en een wollen trui met een heel lelijk patroon in rood en wit. De man stelde zich voor.

'Ik ben Mevlüt, ik ben de baas hier en iedereen luistert naar mij. Jij bent dus de crisis, zo zie je er anders niet uit. Loop maar mee naar kantoor, dan zal ik je uitleggen hoe wij hier te werk gaan,' zei hij en liet mijn hand niet los toen hij dat zei, hij bleef me ook aankijken zonder weg te kijken. Als hij me daar mee wilde intimideren was het hem niet gelukt, ik was wel wat erger gewend dan dit. Ik keek hem aan en kon het niet laten om te lachen, niet hardop, gewoon een glimlach. Mevlüt keek me aan en was bijna verbaasd dat ik durfde te lachen, hij liet mijn hand los en gaf me een knipoog. We liepen naar kantoor waar ik even mijn tas kon neerzetten.

'Ik ga ervandoor, Maria, sterkte met je tijd hier en Mevlüt, pas goed op haar,' zei de man en hij liep weg. Ik keek hem na en keek toen naar Mevlüt, die me met van die glimmende ogen aan zat te kijken.

'Volgens mij weet jij precies hoe het spelletje hier gaat,' zei hij en wees naar een stoel waar ik kon zitten. Ik ging zitten en zei niks. 'Ik heb gehoord dat je een tijd in een bepaald circuit hebt gezeten,' zei hij en keek me aan zonder zijn blik af te wenden.

'Zeg maar gewoon dat ik bij een pooier was, hoor,' zei ik op een uitdagende toon, niet uitdagend alsof ik hem probeerde te versieren, maar uitdagend zoals je doet tegen je broertje of zusje. Hij moest lachen en ging over op een ander onderwerp, de huisregels. Ik heb geen flauw idee wat die waren, ik was er namelijk niet bij met mijn hoofd. Toen hij daarmee klaar was, stelde hij me voor aan mijn nieuwe huisgenoten. We liepen het kantoor uit naar de woonkamer. Het was best een grote ruimte met van die lelijke Ikeabanken die heel oncomfortabel zaten. Twee meiden waren op een grote breedbeeldtelevisie naar een Bollywoodfilm aan het kijken.

'Meiden, dit is Maria, Maria dit zijn Azra en Lila,' zei Mevlüt. Azra was een meisje uit Bosnië, als ik me niet vergis, en Lila was een Iraans meisje. Ze zaten daar allebei geheim. Lila omdat haar vriend haar zocht en Azra omdat haar familie haar zocht. Azra had heel lang bruin haar en heel veel make-up, ze was een slank meisje en had strakke kleren aan, Lila was een klein, slank meisje met heel lang zwart haar en ook een dikke laag make-up op, ze had dezelfde kledingstijl als Azra.

'Hey, kom je zo meekijken als je je tas op je kamer hebt gezet?' vroeg Lila en keek ondertussen naar de film.

'Shahrukh Khan, hè?' zei ik en keek naar de tv waar hij net een liedje aan het zingen was voor een meisje dat hij leuk vond.

'Je kent hem, goed zo, je hoort nu bij ons. Je kent toch die meisjes die doen alsof ze weten wat Bollywoodfilms zijn, maar ondertussen niet eens weten waar het over gaat? Maar als je hem kent, heb je er verstand van. Welkom bij de groep,' zei Azra, die het blijkbaar vreemd vond dat ik hem kende, terwijl hij een heel beroemde Bollywoodster is.

In de hoek van de kamer zat een jongen achter de Xbox.

'Dat daar is Juan, maar iedereen noemt hem Yaiden,' zei Mevlüt en wees de jongen aan. Yaiden keek om en stak zijn hand op. Hij had een veel te groot shirt aan en een broek waarvan het kruis op zijn knieën hing. Hij had een bandana om en een pet eroverheen op. Ik groette hem terug op dezelfde manier. Yaiden was een Colombiaanse jongen, hij was geadopteerd. Hij was niet lelijk, maar ook geen geweldige schoonheid.

Ik keek nu echt goed de ruimte rond. Aan de muren hingen een paar schilderijen van landschappen en boven de tv hing er een met een voet van een dinosaurus, heel apart. Er stond een grote kamerplant aan de ene kant van de tv en aan de andere kant stond een rek met de leesmap erin. De ramen kwamen tot de grond, de gordijnen waren rood en het tapijt was blauw. Via de woonkamer kwam je in de keuken, daar stonden twee grote houten eettafels met elk zes stoelen. De keuken was groot, met een lang aanrecht en heel veel kastjes erboven. Achter de eettafels was het kantoor, helemaal van glas zodat de leiding kon zien wat er in de groep gebeurde. We liepen naar boven, daar leek het net een gevangenis, het was een lange gang met allemaal deuren.

'Hier is het washok, daar zijn de douches en wc's en daar is jouw kamer, die ligt boven het kantoor, dus 's nachts je bed uit kan je vergeten. Trouwens, er zit alarm op de deuren en de tijdstippen waarop je deur opengaat worden automatisch bijgehouden,' zei Mevlüt, alsof hij er al van uitging dat ik 's nachts naar een andere kamer zou gaan. Ik keek hem aan en wist vanaf dat moment dat hij een spelletje wou spelen, en gewend was dat hij altijd won. Ik wou niet dat hij gelijk zou krijgen.

'Ik ben benieuwd hoe het hier zal gaan met jou,' zei Mevlüt en gaf me een klap op mijn rug.

'Ja, ik ook,' zei ik en zette mijn tas in de lege kamer die hij had opengedaan. Het was een kleine kamer waar je met twee grote stappen doorheen was. Er stonden een bed, een kast, een bureau, en er was een wastafel. De ruimte tussen het bed en de kast was heel erg smal, mijn tas paste er niet eens tussen. Ik deed het raam dicht en de verwarming aan. Mevlüt stond in de deuropening.

'We gaan over twee uur eten, tot die tijd mag je wel bij de meiden gaan zitten om die film te kijken. Jullie zijn dit weekend met zijn vieren, de rest komt zondag terug. Het is niet gebruikelijk om tv te kijken overdag, maar ja, weekend hè,' zei Mevlüt en deed een stap opzij zodat ik langs hem kon om naar beneden te gaan.

De tijd in Bodemstad was echt een klotetijd, ook al heb ik toch wel lol gehad, het grootste gedeelte van de tijd was ik bezig om mijn plaats te bepalen in de groep die om de paar weken veranderde, dan had er iemand de drie maanden uitgezeten en kon weg, dezelfde dag kwam er dan een nieuwe bewoner. Elke keer was er weer strijd tussen de jongeren onderling om de rangorde te bepalen, je moest een grote bek hebben, anders liep iedereen over je heen.

Gelukkig ben ik goed in mensen manipuleren en me aanpassen, dus ik keek per persoon hoe diegene was en hoe ik daarop in kon spelen of hoe ik ervoor kon zorgen dat diegene me mocht, zodat ik weer een 'vriend' had voor als ik iets nodig had. Ik heb ook vaak genoeg ruzie gehad op de groep, maar ik heb er ook wel mensen leren kennen die ik heel erg graag mocht. Als ik boos was en mijn agressie kwijt moest, ging ik naar Gert. Gert was een heel lieve man, hij had een kaal hoofd, een bril en een heel aparte kledingsmaak. Hij rookte als een ketter, maar hij was echt leuk. Hij maakte muziek met de jongeren van het terrein en als ik dus agressief werd of boos was, moest ik naar hem toe om te drummen. Ik mocht zo hard met die stokken slaan als ik maar wou en dat deed ik dan ook. Ik ging ook wel naar hem toe om echt te leren drummen, dat kan ik nu ook.

Verder was er Thibhu, hij was een Molukse man die al bijna zijn hele leven in Nederland woonde. Hij was echt het type man voor mijn moeder, een beetje ruig, maar heel erg lief, hij had altijd een spijkerbroek aan en een shirt erboven, hij had haar tot over zijn oren en zijn heup was vastgezet met stalen pinnen omdat hij ooit een auto-ongeluk had gehad, dus hij liep een beetje stijf. Hij was donker en heel lief. Bij hem kon je koken en dansen, hij had altijd de nieuwste reggaeton bij zich en als ik weer in mijn lichaam en bij mijn gevoel moest komen, zoals al die hulpverleners altijd zeggen, ging ik dansen en koken bij Thibhu. Ik mocht niet naar school daar omdat ik daar geheim zat, dus ik had een aparte dagindeling, ik moest lunchen op de groep en verder was ik bij de dagopvang, daar ging ik met de andere jongeren van het terrein die ook geheim zaten of geschorst waren activiteiten doen, zoals muziek maken bij Gert, koken en dansen bij Thibhu, wandelen met Piet, een maffe Jehova's getuige, of we gingen zwemmen met Hafid, een stagiair en Tom, ook iemand van de leiding. Ik had ook drie uur per week school, dan werd ik opgehaald door een docent en ging ik met nog twee jongeren naar een lokaal ergens in een gebouw naast de gewone school waar de andere jongeren naartoe gingen.

Op het terrein was ook een soort jeugdgevangenis, ik had natuurlijk meteen al contact met de jongens die daar zaten. Zij zorgden ervoor dat ik drugs kreeg en in ruil daarvoor moest ik briefjes doorgeven aan meisjes van mijn groep die ze leuk vonden. Ik kreeg in dat internaat alles voor elkaar, ik wist iedereen van de leiding en de jongeren zo te manipuleren dat ik altijd kreeg wat ik wou. Als ik alleen op mijn kamer was, was ik druk bezig om een plan te maken om terug te gaan naar Manou, en die was blijkbaar hetzelfde aan het doen, want hij is me een stuk of drie keer komen zoeken om me mee te nemen.

De eerste keer was op een dinsdagavond. Een groepje was met iemand van de leiding naar de sporthal en een groepje bleef op de groep, ik ook. Opeens kwamen er twee meisjes naar me toe gerend, ze zeiden dat Manou met zijn auto en nog twee auto's buiten op me stond te wachten.

Eigenlijk was dat wat ik wou, nu kon ik terug naar Manou, maar in plaats van blij te zijn, werd ik heel erg bang en begon ik heel erg te hyperventileren. De aanwezige leiding belde de andere leiding op om te zeggen dat hij terug moest komen, ik werd naar boven gebracht om via een geheime vluchtroute naar een ander gebouw op het terrein te gaan. De politie werd gebeld en terwijl ik boven zat hoorde ik Manous auto, zijn muziek en zijn stem. Ik was zo bang. Alle gordijnen van de boerderij werden dichtgedaan zodat niemand naar binnen kon kijken om mij te zoeken. Gelukkig kwam de politie binnen tien minuten, maar Manou was toen natuurlijk allang weg.

Een andere keer was eigenlijk hetzelfde als de eerste keer, alleen was ik toen niet op de groep, maar ik was met een ander meisje in de sporthal. De leiding belde naar de sporthal om me binnen te houden. Ik moest wachten tot ik werd opgehaald.

De derde keer was overdag, ik zat op 'school' toen er naar de docent werd gebeld dat er de hele tijd een auto rondreed en dat ze extra voorzichtig moest zijn met mij. In de pauze moest ik teruglopen naar de dagopvang, maar de docent moest een andere kant op, dus ik liep een heel stuk alleen over het terrein. Ik hoorde de auto van Manou al van ver aan komen, zijn muziek en het geluid van de motor. Ik kreeg kippenvel over mijn hele lichaam. Eigenlijk wou ik blijven staan en wachten, maar twee jongens van de jeugdgevangenis, Nick, een Surinaamse jongen, en Shadon, een Braziliaanse jongen, kwamen naast me lopen en hielden allebei mijn hand vast.

'Je gaat vandaag zeker niet terug naar die neger, zeker niet als wij bij je zijn,' zei Nick. Ik keek hem aan en kreeg tranen in mijn ogen.

'Dank je,' zei ik en liep met ze mee tot ze niet meer verder mochten, vlak voor het gebouw waar ik moest zijn. Ze lieten mijn hand los en gaven me een zakje wiet om even rustig te worden. Ik moest lachen en liep naar het gebouw voor de pauze.

Toen Manou doorkreeg dat hij mij op deze manier niet terug-kreeg, probeerde hij het op een andere manier. Hij liet een van zijn jongens naar het internaat gaan als zogenaamd crisisgeval, de jongen heette Ricardo da Silva, hij was Colombiaans, net als Yaiden. Hij kon zogenaamd niet meer thuis wonen, dus moest hij hiernaartoe.

Vanaf het moment dat hij binnenkwam was hij alleen maar gefocust op mij. Als Manou slim was geweest, had hij iemand gestuurd die niet zo overduidelijk liet merken dat hij iets van me moest. Een paar meisjes van de groep kenden Ricardo en blijkbaar had hij een slechte reputatie. Ricardo was best een mooie jongen, hij had donkere krulletjes, een heel gespierd lijf, mooie witte tanden en grote bruine ogen. Echt een 'loverboy'-type. Maar op de een of andere manier voelde ik me totaal niet tot hem aangetrokken.

De eerste paar weken ging het wel goed. Ricardo was mij aan het uitchecken, hij wou weten wat mijn dagritme was, hoe ik in de groep lag, met wie ik veel omging, hoe ik op hem rea-geerde en op welke manier hij me het beste kon raken. Bij dat laatste was hij er al snel achter: hij wist dat ik me niet echt druk maakte om hem als hij gewoon aardig tegen me deed, hij moest zich net zo agressief en gemeen gedragen als Manou. Hij merkte dat ik er heel gevoelig voor was als hij het ene moment heel lief tegen me was en het volgende moment boos werd, hij werd een soort slechte imitatie van Manou. Hij zorgde ervoor dat de groep zich tegen mij keerde, hij hielp roddels over mij de wereld in en zorgde ervoor dat ik ruzie kreeg met de rest van de groep.

'Wat wil je nou? Dat dit me raakt? Ik heb schijt aan jullie allemaal, als je me wilt pakken, moet je met iets beters komen, ik ben Manou gewend hoor,' zei ik tegen Ricardo toen hij een keer 's avonds voor mijn deur stond en naar binnen wou omdat hij boos op me was. Hij begon op de deur te bonken. Ik liet hem niet binnen en ging in mijn bed liggen met het licht uit alsof ik ging slapen. Hij heeft dat een paar keer gedaan, om me bang te maken, maar ik deed de deur niet open en deed alsof het me niks kon schelen. Als ik hem de volgende ochtend dan tegenkwam, deed ik alsof ik hem niet zag of ik praatte tegen hem alsof er niks was gebeurd, dat kon hij niet hebben. Hij kon het niet hebben dat hij niet zo veel vat op mij kon krijgen als hij graag zou willen. Wat hij niet wist, was dat ik doodsbang was elke keer als hij voor mijn deur stond, dat ik soms de hele nacht lag te luisteren of hij er nog stond. Ik was echt bang voor die jongen, maar liet het alleen niet merken, blijkbaar hielp dat, want hij probeerde elke keer iets anders om me bang te maken.

In die tijd op het internaat had ik een heel slecht contact met mijn moeder. Ze belde me een keer op en zei dat ze voorlopig geen contact meer met me wou. Ze kon het allemaal niet meer aan zoals ik elke keer tegen haar deed en ze wou afstand nemen. Mij kon het echt helemaal niks schelen, ik had haar al vaak genoeg gezegd dat ik geen contact meer wou, dat ik niet meer thuis wou komen wonen, dat ik toch wel weer naar Manou terug zou gaan als ik de kans zou krijgen. De dag nadat ze me had verteld dat ze geen contact meer wou, belde ze me alweer op.

'Dit is wat Manou wil, Maria, nu heeft hij toch zijn zin gekregen, hij wou ons uit elkaar drijven en dat is hem nu gelukt,' zei mijn moeder en ze moest huilen aan de telefoon. Ik begon ook te huilen, ik was eigenlijk zo blij dat mijn moeder me niet in de steek zou laten zoals de rest van de mensen, maar ik vond niet dat ik aardig tegen haar kon doen, omdat ik wist dat Manou haar niet mocht.

Manou zat nog steeds zo in mijn hoofd, niet normaal. Ik hoorde hem in mijn hoofd zeggen wat ik wel en niet mocht doen. Ik zag hem soms voor me, letterlijk voor me alsof hij naast me in mijn kamer stond. Als ik aan tafel zat en ik zag dat er een plek vrij was, zag ik Manou binnenkomen en op die plaats gaan zitten. Ik had zelfs van die momenten dat ik niet meer wist wat echt was en wat niet. Ik hoorde en zag dingen die er niet waren. Daarbij kwam dan ook nog eens zo'n Ricardo die er alles aan deed om me helemaal gek te maken, leiding die me niet geloofde en mijn moeder die in mijn ogen nogal onvoorspelbaar was. De ene keer zei ze dat ze Manou met rust zou laten, de volgende keer zei ze dat ze hem kapot ging schieten. De ene keer zei ze dat ze het goed vond om niet over Manou te praten, de andere keer wou ze weten wie hij was en wat er was gebeurd.

'Je hoeft me echt niet alle details te vertellen, dat wil ik niet eens weten, ik wil alleen iets meer over hem weten, dan weet ik ook of ik voor hem moet oppassen of niet,' zei ze dan, in de hoop dat ik wat zou vertellen. Soms had ik van die impulsieve momenten en gaf ik antwoord op heel veel van haar vragen, meteen daarna had ik er dan alweer spijt van, omdat ze mijn antwoorden voor mijn gevoel tegen me gebruikte. Ze had helemaal geen vertrouwen in mij, dat zei ze ook gewoon.

Ik had ook geen vertrouwen in haar, daar niet van. Tussen mijn moeder en mij was het gewoon verrot op dat moment. Maar zelfs toen hadden we nog van die momenten dat we alles allebei heel komisch vonden. Ik ben echt blij dat we al die jaren altijd een soort contact met elkaar hebben gehouden, dat we elkaar nooit helemaal zijn kwijtgeraakt, want als mijn moeder die dag niet had teruggebeld om te zeggen dat ze wel contact wilde blijven houden, zou ik weer naar Manou zijn gegaan. Ik had namelijk alles al zo gepland met geld en buskaarten dat ik zo weg kon gaan.

Ik heb nog weleens geprobeerd om weg te lopen van dat internaat. Ik had een buskaart van een meisje van mijn groep gekregen en ik had genoeg geld om de trein van Bodemstad naar Stenenmuur te pakken, terug naar mijn moeder of Manou, dat wist ik nog niet. Ik had die dag school en ik had mijn schooltas meegenomen, zogenaamd met boeken erin, naar die dagbesteding van mij. Ik had school in het andere gebouw en ik liep er samen met nog een jongen en de docente naartoe. De jongen, hij had blond haar en was een beetje zo'n gangstertype, zou me helpen om weg te komen. Hij zou mijn tas dragen waar die boeken zogenaamd in zaten, eigenlijk zaten daar mijn kleren in. Ik zou mijn handtas dragen, met mijn babyfoto's en een foto van mij, mijn zusje en mijn moeder.

Toen we klaar waren met school, hadden we pauze. Ik zei tegen de docent dat ik terug zou lopen naar ons gebouw in plaats van mee te gaan in de auto. Ik had al afscheid genomen van alle jongeren die nog bij mij op de groep zaten, zelfs van Ricardo, die natuurlijk boos op me was omdat ik niet tegen hem wilde zeggen waar ik naartoe zou gaan. Ik had ook, op aanraden van een meisje van de groep, een heel dun laagje lippenbalsem op de buskaart gesmeerd, dan kon ik de stempel uitvegen als ik in de bus zat, en de kaart nog een keer gebruiken om van het station in Stenenmuur naar huis of naar Manou te komen. De jongen en ik liepen naar buiten en toen we zo'n beetje uit het zicht waren verdwenen, begonnen we te rennen als idioten. We renden zo hard we konden naar de bushalte helemaal vooraan op het terrein. We keken steeds achterom om te zien of iemand ons zag.

We stonden bij de bushalte te wachten op de bus, het leek wel uren te duren, maar binnen vijf minuten was hij er al. Ik stapte in en zei gedag tegen de jongen. Eerst was er nog een jongen voor mij, die liet zijn kaart stempelen en liep naar een zitplaats. Toen was ik aan de beurt. De buschauffeur stempelde de kaart en kwam er meteen achter dat de inkt niet pakte. Hij kon het er zo weer afvegen.

'Ik ga nu de politie bellen en laat je oppakken voor fraude,' zei hij en hij liet de deur van de bus dicht zodat ik er niet uit kon. De jongen die buitenstond, deed toen alsof hij ook mee wou met de bus en de chauffeur deed de deur open terwijl hij de politie probeerde te bellen. De jongen trok mij en mijn tassen de bus uit en we renden samen een heel stuk van de bus vandaan en de bosjes in.

'Ik dacht dat je er nog geen lippenbalsem op had gedaan, dus ik heb het er nog voor je op gedaan,' zei de jongen.

'Sukkel, ik had allang vet op die stomme kaart gedaan,' zei ik en liep kwaad weg met mijn tassen op mijn schouder. Ik liep terug naar de groep, de leiding vroeg zich al af waar ik bleef en de docent vond het al zo raar dat hij ons niet tegen was gekomen onderweg naar het gebouw.

'We zijn een stukje omgelopen,' probeerde de jongen nog. Het kwam niet echt geloofwaardig over en ik werd teruggestuurd naar mijn groep en ik kreeg een week groepsarrest omdat ik een poging tot weglopen had gedaan. Haha, best wel een domme actie eigenlijk, toch was het achteraf wel fijn dat die kaart te vet was om de inkt te pakken, wie weet was ik anders nu weer bij Manou.

Een paar weken daarna had ik een gesprek met de politie, ik had tegen mijn moeder gezegd dat ik misschien wel aangifte wilde doen tegen Manou, dus er kwamen politieagenten naar Bodemstad toe om met me te praten. Ik moest naar het hoofd-gebouw, waar een man en een vrouw op me zaten te wachten. De vrouw was hoogzwanger van haar tweede kind en ze heette Mara, ze had blond haar en blauwe mascara, ze had een smal gezicht, maar zag er wel heel aardig uit. De man heette Bart, hij was niet echt groot en zijn stem paste totaal niet bij zijn uiterlijk. Als je hem aan de telefoon zou hebben, zou je je hem voorstel-len als zo'n stoere man die iedereen aankan. In het echt lijkt het echt zo'n vadertype, zo'n man die elke avond om zes uur met zijn gezin eet en op zondag in het bos gaat wandelen of bij de schoonfamilie op bezoek gaat.

Ze stelden me wat vragen over Manou. Terwijl ik met hen in dat kamertje zat, kreeg ik zo'n naar gevoel in mijn buik, alsof ik mijn beste vriend aan het verraden was. Ik dacht aan de leuke tijden die ik met Manou had gehad, de keren dat we de slappe lach hadden, de keren dat we het echt gezellig hadden. Daarna dacht ik aan de keren dat hij me sloeg, stompte of schopte. Ik dacht aan de keren dat ik moest zien hoe hij mensen pijn deed. Ik wist dat hij het verdiende om te worden opgepakt. Als ik het niet voor mezelf zou doen, zei mijn moeder, dan moest ik het doen voor alle meisjes die nu met hem te maken kregen. Daar kreeg ik een schuldgevoel door, maar niet zo erg dat ik die aangifte wilde doorzetten. Het is dan ook bij dat ene gesprek gebleven.

Op de groep ging het steeds slechter, ik trok me steeds meer terug in mijn eigen wereld. Ik zat dan te bedenken hoe het zou zijn als ik bij Manou was, waar ik dan zou zijn. Ik vroeg me af hoe het nu met hem ging, waar hij was, of hij nog weleens aan me dacht. Tussen mij en mijn groepsgenoten ging het ook niet zo goed, ik kreeg veel ruzie, er werd veel over mij geroddeld. Ik had er schijt aan en ging gewoon door met mijn eigen dingen. Ricardo zorgde ervoor dat ik ruzie had met iedereen, hij zorgde ervoor dat ik er helemaal uit lag bij de groep.

Als ik de hele zondag alleen op mijn kamer zat, kwam hij altijd met me praten.

'Ik weet hoe je je voelt, zo voelde ik me ook op mijn oude groep, maar je weet dat je altijd bij me terecht kan, we zijn matties, oké?' zei hij dan, als hij zag dat ik zat te huilen omdat ik me echt verrot voelde. 'Weet je, misschien is het voor jou wel goed om terug te gaan, dan weet je weer waar je aan toe bent, wat je moet doen. Het doet me echt pijn als ik je zo zie, terwijl ik weet dat je ook heel anders kan zijn, ik heb je namelijk vaak genoeg gezien,' zei Ricardo toen hij weer een keer op een zondagmiddag bij me stond te slijmen.

'Als je mij op deze manier terug probeert te krijgen naar Manou ben je slecht bezig, je moet nog heel wat leren als je echt voor Manou wilt werken, maar dat zal je nooit lukken,' zei ik en las verder in mijn tijdschrift.

'Ik ben al hoger dan een paar maanden geleden en jij moet je mond houden, je weet er helemaal niks van,' zei Ricardo en pakte me bij mijn arm. 'Ik ben Manou gewend Ricar, als je wilt dat ik naar je luister, moet je het toch echt anders aanpakken, ik heb namelijk schijt aan jou,' zei ik en keek hem aan. Ricardo stond op en pakte me bij mijn oor.

'Ga staan,' zei hij en begon te trekken. 'Als je geluid maakt, doe ik je wat.' Hij trok harder. Mijn oor brandde als een gek, maar ik zei niks. 'Ik zal ervoor zorgen dat je weer bij Manou komt, ik zal ervoor zorgen dat ik hoger ga komen dan jij en ik zal ervoor zorgen dat Manou je laat verdwijnen, je bent niks voor mij of voor hem, je bent een vieze, smerige hoer die denkt dat ze alles kan maken, ik haat je en ik heb zin je helemaal kapot te maken, je open te halen met een mes. Het bloed uit je te zien lopen. Dat is wat je verdient, jij vieze kankerteef,' zei Ricardo. Hij trok zo hard aan mijn oor dat ik een scheurtje kreeg bij mijn oorlel. Hij liet los en duwde me heel hard op het bed.

'Ik zal ervoor zorgen dat Manou weet waar je bent. Weet je trouwens dat ik elke dag een paar duizend euro krijg, alleen om jou in de gaten te houden? Het enige wat ik moet doen, is weten waar je naartoe gaat als je hier weg bent,' zei Ricardo. Hij was helemaal vol van zichzelf. Hij liep met een grote glimlach op zijn gezicht mijn kamer uit om aan iedereen te vertellen dat ik een hoer was. Ik zat op mijn bed en het deed me niks meer, mijn oor bloedde, maar ik ging gewoon door met lezen.

Het was midden februari en ik was nog steeds in Bodemstad. Eigenlijk mogen jongeren maar drie maanden op de groep blijven, omdat het een crisisopvang is, maar voor mij maakte

Mevlüt een uitzondering. Alsof ik daar blij mee moest zijn.

De laatste dag dat ik in Bodemstad was, was een donderdag. Het was een gewone rustige dag. Ik zou nog twee weken blijven en dan zou ik worden overgeplaatst naar een andere crisisopvang in Rookhuizen. Bij het avondeten zat Ricardo als elke avond tegenover mij. Hij zat altijd met zijn benen tegen mijn benen aan, daar werd hij rustig van, zei hij. Ik vond het allang best, ik merkte het niet eens meer, want het ging elke avond zo. Maar op deze avond had hij zijn benen onder zijn stoel en deed hij wat afstandelijker tegen mij dan anders. Ik voelde al de hele dag dat er een bepaalde spanning was tussen hem, mij en Catu, een ander meisje van de groep, waar ik ruzie mee had.

Na het eten deden we onze taken en om tien uur gingen we naar bed. Het was twaalf uur en ik lag nog wakker. Ik kon niet slapen, ik had een heel naar gevoel in mijn buik, alsof er elk moment wat kon gaan gebeuren. Ik lag een beetje naar het plafond te staren toen er zachtjes op mijn deur werd geklopt. Ik hoorde aan de manier van kloppen al dat het Ricardo was, ik had geen zin in hem en bleef dus gewoon liggen. Maar Ricardo was het daar blijkbaar niet mee eens, want hij begon ineens zo hard op mijn deur te bonken dat ik er bang van werd. Ik stond op en deed de deur op een kier. Ricardo gooide de deur helemaal open en deed mijn licht aan. Ik zag dat Catu in haar deuropening stond en naar mij zwaaide op een hele valse manier. Ik keek Ricardo aan en vroeg wat hij moest.

'Wat heb je over mijn vriendin gezegd?!' schreeuwde hij over de gang.

'Heb je een vriendin dan?' vroeg ik op een sarcastische toon.

'Ga niet zo beginnen, bitch, ik weet wat je hebt gezegd,' zei hij en het was even stil. Ik zag dat de deuren van de andere kamers een voor een opengingen en voor ik het wist stond de hele groep zo ongeveer voor mijn deur.

'Wat zit je mijn vriendin een hoer te noemen, je bent jaloers dat je mij niet kan krijgen of niet, slet?' schreeuwde hij en ik zag Catu lachen in haar deuropening.

'Kijk haar staan, ze kan zo in de *Playboy*, die dikke tering-teef,' zei ze met haar negerinnenstem. Catu was een negerin, ik weet niet of ik dat al had verteld. Ze was best groot, had altijd ingevlochten nephaar en veel te strakke kleding aan voor haar dikke figuur.

'Ik vermoord je, slet, je bent niks voor mij,' zei Ricardo. Ik dacht echt even dat hij me iets aan ging doen. Hij deed een stap achteruit en ik deed snel mijn deur dicht en op slot. Ik deed het licht uit en ging op mijn bed zitten. Ik snapte niet waarom de leiding niet kwam, normaal zouden ze allang boven staan en nu ik ze echt een keer nodig had, kwamen ze niet.

'Doe die kankerdeur open, vieze hoer!' schreeuwde Ricardo en hij trapte net zolang tegen mijn deur tot hij openging. Ricardo stormde naar binnen, deed het licht weer aan en greep me bij mijn arm. 'Meekomen jij,' zei hij en trok me mee naar de gang. 'Zien jullie allemaal deze slet? Zij had het lef om mijn vriendin een hoer te noemen, zeg maar of het waar is of niet, verdedig jezelf eens,' zei Ricardo op een dreigende toon. Hij kwam voor me staan en maakte zichzelf groter dan hij eigenlijk was. Hij was wel groot en breed, maar hij maakte zich nu extra breed. Ik zei niks. 'Je hebt echt schijt aan alles, of niet? Jij kan wel schijt hebben, maar al deze mensen hier hebben schijt aan jou,' zei Ricardo. Hij duwde me tegen de muur. Hij kwam steeds dichter bij me staan tot zijn mond bij mijn oor was. 'Sorry, maar ik wil dat Manou trots op me is,' fluisterde hij heel zacht. Ik duwde hem weg en wou weer naar mijn kamer lopen maar hij hield me tegen.

'Wat is hier aan de hand, ga allemaal eens heel snel naar jullie kamers!' schreeuwde de leiding opeens vanaf het begin van de hal.

'Die vieze slet hier noemde mijn vriendin een hoer,' zei Ricardo en hield zijn blik op mij gericht zonder weg te kijken.

'Hebben jullie me niet gehoord? Ik wil dat jullie allemaal naar jullie kamers gaan, morgen zullen jullie je straf wel van Mevlüt horen, dan praten we het uit,' zei Vera, de leiding die er op dat moment was. Ze bleef op de gang staan totdat iedereen terug op zijn kamer was. Ik stond in de deuropening te wachten tot Ricardo zijn deur dicht had gedaan. Hij stond ook in de deuropening te wachten tot ik mijn deur dicht had gedaan.

'Doe die deuren dicht,' zei Vera tegen mij en Ricardo. Ricardo deed met zijn vinger over zijn keel alsof het een mes was toen Vera even naar mij keek. Vera keek naar Ricardo en ik gaf hem een kushandje om te laten zien dat hij me niks deed. Daarna deed ik mijn deur dicht.

De volgende dag vertelde ik aan mijn moeder dat Ricardo mijn deur had ingetrapt en dat ik echt weg wou daar. Mijn moeder belde Mevlüt, die kwam toen naar me toe om te zeggen dat ik mijn spullen kon pakken en dat ik over drie uur werd opgehaald door mijn moeder en mijn plaatser, die ik trouwens nog nooit had gezien en waar ik nog nooit mee had gepraat.

Toen Mevlüt dat vertelde, was ik op de groep om te lunchen. Alle jongeren waren om één uur op de groep. Iedereen wou weten waarom ik ging pakken, ze deden allemaal normaal tegen mij en van de ruzie was even niks meer te merken, tot Ricardo binnenkwam.

'Je gaat weg, heb ik gehoord,' zei hij. Dat was het eerste wat hij tegen me zei sinds onze ruzie.

'Ja, gelukkig wel,' zei ik en wou weglopen.

'Wacht even,' zei hij en kwam bij me staan om me een knuffel te geven.

'Laat me los, Ricardo,' zei ik, terwijl hij me knuffelde. Ik hield hem niet vast en deed mijn armen niet om hem heen. Maar ik merkte dat hij niet los ging laten, dus toen hield ik hem toch maar even vast. Het maakte me niet meer uit dat ik eigenlijk ruzie met hem had, ik ging toch weg.

'Ik moet Manou teleurstellen, je bent me toch te slim af geweest,' zei hij zachtjes in mijn oor en liet me los.

'Doe hem de groeten van mij,' zei ik en deed een stap naar achteren.

'Zal ik je ooit nog zien?' vroeg hij en keek me aan op een heel lieve manier.

'Ik denk het niet,' zei ik en keek een andere kant op voor ik voor die lieve ogen zou vallen en weer iets zou doen of zeggen wat ik eigenlijk niet wou.

'Waar ga je naartoe?' vroeg hij nog in een laatste poging zijn taak uit te voeren voor Manou.

'Als ik dat zou weten, zou ik het je niet vertellen. Sorry, maar ik moet echt van hem af zien te komen en ik weet zelf ook niet waar ik heen ga, hoor,' zei ik en liep met mijn laatste tassen naar de trap.

'Ik ga je missen,' was het laatste wat hij tegen me zei. Ik liep naar beneden, mijn plaatser, mijn moeder en Mevlüt stonden al te wachten. Mijn plaatser had mijn tassen al in de auto gezet. Mijn moeder bedankte Mevlüt voor alles, ik ook en we liepen de deur uit. In de auto keek ik nog een keer achterom, ik zag Ricardo voor het raam bij de deur staan kijken, zoals hij altijd deed als ik ergens naartoe ging en hij op de groep bleef. Hij zwaaide nog naar me. Dat was de laatste keer dat ik hem heb gezien. Ik heb nog een keer gehoord dat hij meteen nadat ik weg was ook wegging daar. Ik hoorde dat hij inderdaad van Manou een paar duizend euro had gekregen, maar ook straf omdat hij niet kon vertellen waar ik naartoe was gegaan. Ik heb gehoord dat hij nu in de drugs zit, maar nog wel voor Manou werkt. Wat daar van waar is, weet ik niet.

Mijn plaatser en mijn moeder brachten me naar een pleeggezin in een klein plaatsje bij Rookhuizen in de buurt. De ouders heetten Dennis en Lilian. Dan had je Esther, de oudste, die was negentien, Jop van zeventien, Wim van vijftien en Arno van dertien. Dennis had een eigen bedrijfje in schuttingen en was eigenlijk elke dag weg. Lilian was een klein, lief vrouwtje. Ze had vaak ruzie met haar dochter.

Esther was een echte puber, ze was ook klein, had lang bruin haar en was alleen maar bezig met haar uiterlijk en jongens. Haar puberteit was een beetje laat begonnen, ze zat er nu middenin. Jop was een rustige jongen die overal wel een beetje in meeging, hij was met zijn eigen dingen bezig, zijn vriendin, zijn school en zijn vrienden. Wim was een echte puber, hij had net zijn eerste vriendin. Ik had altijd lol met hem. Hij hield heel erg van rockmuziek. Arno was helemaal geobsedeerd door voetbal, hij zat in een selectieteam en kon professioneel voetballer worden. Ik had best een leuke tijd bij hen. School had ik niet, dus ik kon elke dag uitslapen. Overdag deed ik verder niks, alleen een beetje tv kijken en hangen. Als iedereen uit zijn werk of van school kwam, was het wel gezellig, ik ging veel wandelen met de hond, Jackie, een kleine Jack Russell Terriër. Dan liep ik langs een riviertje, en als ik te ver liep kwam ik in Duitsland uit.

Na een aantal weken kwam mijn plaatser tot het geweldige inzicht dat ik niet drie maanden lang alleen maar kon hangen en tv kijken, dus zorgde hij ervoor dat ik kon werken. Ik moest naar een boerderij waar allemaal mensen werkten die verstandelijk niet helemaal in orde waren. Ik vroeg me altijd af wat ik deed tussen al die mensen. Wat bleek nou, ik had toen ik nog in Bodemstad was ooit een IQ-test gedaan die ik expres helemaal verkloot had, omdat ik al die hulpverleners helemaal zat was. Volgens die test had ik een IQ van 86, dus dat stond in mijn dossier. Daarom werd ik op een boerderij geplaatst waar alleen maar mensen met een heel laag IQ rondliepen. Moet je je voorstellen: ik zat echt nog in mijn bitchfase. En dan moest ik, met mijn nette kleding, make-up en mooie schoenen, konijnenhokken gaan uitmesten. Ik moest een overall aan en klompen. Ik moest in de tuin bloembollen planten en zonnebloempitten uit zonnebloemen peuteren. Mijn nagels waren gescheurd, mijn gezicht zat onder de zwarte vegen, mijn broek was elke dag echt smerig. Mijn hemel, dat was me een tijd, maar ik heb me ondanks alles toch wel vermaakt met al die zwakbegaafde mensen om me heen.

Na ongeveer tweeënhalve maand kreeg ik van mijn plaatser te horen dat hij niet meer wist waar hij mij naartoe moest sturen. Ik kon kiezen om naar een jeugdinrichting voor gesloten opvang te gaan, of ik zou naar India kunnen gaan om daar los te komen van Manou en een toekomstplan te maken voor als ik weer terug naar Nederland zou gaan.

Toen die man dat zei, was ik eerst heel boos op hem. Wat

dacht hij wel, hij liet nooit wat van zich horen, ik had hem één keer gezien terwijl ik die man al bijna een jaar had, en nu kwam hij opeens uit het niets met het idee om mij naar India te sturen. Mijn eerste reactie was: 'NEE!'

Ik kreeg een paar dagen de tijd om een contract te ondertekenen dat ik naar India zou gaan. Als ik dat contract niet zou tekenen, zou ik voor de kinderrechter moeten komen en die zou me een voogd toewijzen en me naar een gesloten inrichting sturen. Ik had natuurlijk allang bedacht dat ik weg zou lopen als ik gesloten moest gaan, terug naar Manou. Maar ik bedacht ook dat ik, als ik terug naar Manou zou gaan, niet langer zou leven dan tot mijn dertigste. Dan zou ik te oud zijn en verkocht worden aan een pooier die me nog wel wou hebben, of ik zou gewoon worden vermoord.

Dus na een paar dagen te hebben nagedacht, heb ik toch dat contract getekend dat ik naar India zou gaan. Mijn moeder was heel erg blij toen ze hoorde dat ik voor India koos en niet voor gesloten. Ze wist nu zeker dat alles toch nog goed zou komen en dat Manou niet had gewonnen. Mijn plaatser kwam samen met mijn moeder het contract halen en binnen een week hoorde ik de datum waarop ik zou gaan vliegen. Later is dat veranderd, en toen nog een keer. De echte datum kreeg ik ongeveer zes weken van tevoren te horen.

In de tussentijd moest ik nog injecties hebben, ik moest al mijn spullen verhuizen naar mijn moeders huis, ik moest de andere meiden die ook meegingen alvast leren kennen en ik moest natuurlijk afscheid nemen van iedereen. Om te beginnen nam ik afscheid van mijn pleeggezin.

Dat viel me niet zo zwaar, omdat we contact zouden houden. Esther en ik zouden mailen en als ik terug zou komen uit India zouden we elkaar weer zien. Ik had ook afscheid genomen van alle gekke mensen op de boerderij en de begeleiders daar. Ik kreeg van hen nog een afscheidskaartje en een poppetje dat me geluk zou brengen. Mijn moeder en mijn tante haalden me op bij mijn pleeggezin. Ik bedankte iedereen, mijn moeder ook. We stapten in de auto en we reden naar Stenenmuur. Onderweg voelde ik me best wel raar, bij India kon ik me nog helemaal niks voorstellen. Ik dacht dat ik in een hutje terecht zou komen en dat ik geen normale wc zou hebben, op de grond zou moeten slapen, dat soort primitief gedoe. Uiteindelijk viel dat trouwens allemaal wel mee.

De paar weken dat ik nog thuis was, waren best stressvol. Ik moest naar een introductiemiddag voor India, dan zou ik al een meisje leren kennen dat ook zou gaan. Dat was bij een andere instelling. Daar leerde ik Gea kennen, de projectleidster. Gea was een vrouw met heel veel uitstraling, ze zag er heel mooi uit en iedereen keek ook naar haar als je met haar over straat liep, viel me later op. Ze had roodbruin haar tot op haar schouders en ze had hippe kleding aan voor haar leeftijd, ze was ergens begin dertig. Ze had vroeger zelf ook in een wereldje van drugs en andere criminele activiteiten gezeten, daardoor kon ze bepaalde dingen heel goed begrijpen. Ze viel zelf vroeger ook op de verkeerde mannen en had een kindje van zo'n verkeerde man, net zo'n soort man als mijn echte vader.

Verder was er Suus, zij was de behandelcoördinator. Ik weet niet precies wat dat inhoudt, maar ik weet wel dat ze heel aardig was. Suus was ook begin dertig. Ze had lang blond haar en een spleetje tussen haar voortanden. Ze had een heel zachte, lieve stem. Wat me heel erg opviel aan al die mensen die meewerkten aan het project India was dat ze helemaal niet op van die 'tena lady ultra mini'-mutsen leken, ze waren... Ik weet niet, best wel vlot, zeg maar. Ze waren gewoon normaal en ze konden zich ook in de jongeren die daar kwamen verplaatsen. Toen ik op de groep kwam waar ik voor de introductie naartoe moest, merkte ik dat de leiding daar heel dicht bij de meiden die op de groep woonden stond. De leiding ging bijvoorbeeld met ze knuffelen als ze het moeilijk hadden, ze gingen met elkaar om alsof ze gelijk waren. Dat was nieuw voor mij, ik was gewend om de leiding te zien als mensen die tegen de jongeren waren. Waar je de strijd mee moest aangaan. Hier was ook wel strijd, maar alleen als ze ruzie hadden en dat hadden ze veel minder dan in Bodemstad, daar was alleen maar ruzie.

Vijf dagen voor ik naar India ging, werd ik opgenomen voor de introductiedagen. In die dagen zou ik de nieuwe meiden leren kennen, ik zou uitleg krijgen over hoe alles werkte in India, waar we gingen wonen, we kregen de namen van de begeleidsters bij wie we kwamen te wonen. We zouden op een donderdag vliegen. De woensdag daarvoor zouden we een afscheidsfeestje geven voor alle ouders, familie en vrienden. In het weekend daarvoor zouden we nog gaan shoppen voor de laatste dingen. Onze tassen werden gecontroleerd, of we wel echt alles bij ons hadden wat we nodig hadden. En we gingen ook nog wat leuks doen om de spanning een beetje minder te maken, want elk meisje dat meeging naar India was heel zenuwachtig.

Ik weet niet meer precies wat ik heb gedaan tussen het moment dat ik wegging bij mijn pleeggezin en de introductiedagen. Volgens mij was ik thuis. Ik heb in die tijd geen contact gehad met Manou, maar ik dacht nog wel elke dag aan hem, hij zat nog helemaal in mijn hoofd, ik voerde nog gesprekken met hem in mijn hoofd en ik zag hem nog heel vaak voor me. Als ik dan alleen in mijn kamer was, praatte ik tegen hem, ook al was hij er niet. Ik zag hem zo duidelijk als wanneer mijn moeder voor me stond. Ik kon het verschil niet meer zien tussen echt en niet echt.

Mijn oma bracht me naar de instelling voor de introductiedagen. We reden naar een heel groot landhuis met een lange oprijlaan, het stond tussen de bomen. Ik zag al helemaal voor me hoe daar vroeger een familie had gewoond. De meisjes in van die heel mooie, onmogelijke jurken met van dat nephaar en een getekende moedervlek en de mannen in van die apenpakjes. Allemaal dienstmeisjes die er liepen, overal mooie schilderijen en grote kroonluchters.

Nu was het een jongensgroep en was er bijna niks meer te zien van wat er vroeger misschien was geweest. Als je binnenkwam, rook het er echt naar internaat.

Wij reden door naar achter dat huis, daar stond een aantal barakken waar ook groepen gehuisvest waren. Mijn oma en ik reden door tot aan de barak waar we moesten zijn, die stond schuin links achter het grote huis. Ik stapte uit de auto en keek eens om me heen. Het was best mooi weer, eigenlijk best wel warm. Het rook er naar bos, ik hoorde vogels fluiten en het was best wel stil. Ik zag een picknicktafel staan waaraan een aantal meisjes zat te roken.

Ik stelde mezelf voor en had niet echt zin om met ze te praten. Mijn oma ging gelijk weer door, die zou ik die woensdag nog wel zien bij mijn afscheidsfeestje. De meiden waren best wel aardig, ze deden niet bitcherig of zo. Ik ontmoette ook de andere meiden met wie ik naar India zou gaan.

Je had Rachita, ze was een Surinaams meisje. Ze was best wel stevig, ze had een dikke buik, maar geen kont. Ze was echt zo'n *big mama*, ik zag haar later al in een keuken staan koken met tien kinderen om haar heen. Ze had niet in het 'loverboy'-circuit gezeten, ze had alleen een vriend gehad die haar had mishandeld, maar dat was een paar jaar geleden. Ze had nu een leuke vriend en ging naar India om weer een dagritme te krijgen, ze was nu een beetje aan het zwerven tussen haar vaders huis, haar moeders huis en haar vriend die ook geen vaste verblijfplaats had maar van vriend naar vriend ging.

Dan was er Loes, een meisje dat ook niet in het 'loverboy'-circuit had gezeten maar wel een relatie had gehad met een Antilliaanse jongen die helemaal niet goed voor haar was. En ze ging naar India om van haar agressie af te komen. Loes was een meisje dat helemaal onder de make-up zat. Ze was echt een bitch om te zien, maar ze was wel heel aardig. Haar figuur klopte op een of andere manier niet helemaal. Ze had een best wel dikke buik, maar haar benen waren gewoon slank. Het was niet heel erg overduidelijk hoor, niet dat je nu denkt dat ze misvormd was of zo, maar iets klopte er niet.

En als laatste was er nog Ineke. Ineke was heel groot en best wel dik. Toen ik haar voor het eerst zag, vond ik haar een beetje op een breedbekkikker lijken. Ze had blond haar, blauwgrijze ogen en heel dikke lippen. Ze had een dikke buik, een dikke kont en ze was best lelijk. Ze was ook heel irritant. Heel erg bijdehand. Als ik in die tijd haar hoofd alleen al zag, was ik al geïrriteerd. Nu kan ik trouwens heel goed met haar opschieten, maar daar is veel tijd overheen gegaan.

Met die drie meiden zou ik dus naar India vliegen. Ik wist even niet wat ik ervan moest denken, maar ik deed maar gewoon normaal en hield me een beetje op de achtergrond. We hadden in die vijf dagen veel gesprekken met Suus en Gea, die wilden van alles van ons weten, ik weet niet eens meer precies wat, want ik was alleen maar bezig met Manou en India.

Ik wou eigenlijk het liefst weglopen, terug naar Manou, terug naar het voor mij zo veilige wereldje. Ik wist daar precies waar ik aan toe was, nu wist ik helemaal niks. Ik was niet gewend een eigen mening te hebben en ik voelde me echt verloren. Ik was gewend dat iemand zei wat ik moest doen, nu moest ik zelf voelen wanneer ik naar de wc moest, want er was geen Manou om me dat te vertellen.

De dagen gingen zo langzaam, voor mijn gevoel kwam er geen eind aan, ik was nu wel klaar om te gaan. Ik kon echt niet wachten tot het woensdag was en tijd voor het afscheidsfeestje. Het was heel warm die dag, voor de tijd van het jaar dan. Twintig graden of zo. Vanaf één uur konden er mensen komen. Toen kwamen mijn oma, moeder, zusje en mijn plaatser. Mijn oma was de hele middag een beetje emotioneel, waarschijnlijk ook omdat mijn opa pas was overleden. Ik was bij de begrafenis geweest, maar was daar met mijn hoofd niet bij geweest. Ik had veel van mijn opa gehouden, we hebben altijd een speciale band gehad, maar de band die ik met Manou had, was op dat moment sterker. Zelfs toen mijn opa dood voor me lag in de kist en het de laatste keer was dat ik hem kon zien, dacht ik aan Manou.

Mijn moeder was ook niet zo vrolijk en mijn zusje... tja, dat bleef mijn zusje, die liet nooit echt iets merken, ook omdat zij natuurlijk ook met die jongens contact had. Weliswaar niet zoals ik, maar toch, ze ging wel met ze om. Mijn plaatser had nog een paar tijdschriften voor me meegenomen voor in het vliegtuig. Van Nikki heb ik niks meer gehoord, misschien maar beter ook, we waren allebei met zulke verkeerde dingen bezig en we sleepten elkaar er alleen nog maar verder in mee. We hadden een verkeerde invloed op elkaar, zoals onze moeders zeiden. Ik had mijn tas al drie keer in- en uitgepakt. Ik was aan de ene kant heel zenuwachtig over waar ik terecht ging komen en aan de andere kant voelde ik er niks bij. Ik vond het helemaal niet erg dat ik mijn moeder zes maanden niet zou zien, ik dacht alleen maar aan Manou en aan dat ik hem zes maanden niet zou zien. Die middag was ik ervan overtuigd dat ik weer naar Manou zou gaan als ik terug zou komen uit India. Ik had het gehad met al die hulpverleners en ik dacht toen dat Manou het beste zou zijn voor mij.

Het werd best snel vier uur, tijd om echt afscheid te nemen. Mijn moeder moest heel erg huilen en zelfs mijn zusje huilde een beetje. Mijn plaatser gaf me een hand en wenste me sterkte en mijn oma... Ja, die moest heel erg huilen en ging daarom ook iets eerder weg dan mijn moeder. Ze kon het even niet meer aan volgens mij. Toen mijn moeder na heel veel knuffels en gehuil eindelijk in die auto was gestapt en met mijn plaatser en zusje wegreed, was er even een moment dat ik me heel erg eenzaam voelde. Ik liet dat gevoel niet verder toe, anders zou ik gaan huilen.

De hele groep ging die avond vroeg naar bed want we zouden die nacht om drie uur naar Schiphol vertrekken. We zouden om zeven uur vliegen. Ik lag de hele nacht wakker. Ik zat te schrijven, brieven naar Manou met alles wat ik wist over waar ik naartoe ging. Daarna heb ik ze weggegooid en nieuwe geschreven. Ik wou zo graag weglopen, maar ik wou ook naar India. Die nacht heb ik de hele vier jaar bij Manou overdacht. Ik heb alles wat er gebeurd was opnieuw verteld aan mezelf. Er kwam me nog een begeleider gedag zeggen, me een goede tijd en sterkte wensen. Om halfdrie sliep ik eindelijk – toen werd ik weer wakker gemaakt door Loes die helemaal hyper was. Ze had al gedoucht en was helemaal klaar. Ik ging heel langzaam douchen, me aankleden, een beetje eten en toen alle meiden klaar waren zetten we de tassen in de auto's en stapten we in. Een paar meiden van de groep gingen mee naar Schiphol om Loes uit te zwaaien. De reis naar Schiphol heb ik niet echt meegekregen. Ik luisterde naar muziek en viel eigenlijk meteen weer in slaap, ik voelde alleen wel dat er heel veel spanning was bij de meiden maar ook bij de leiding, wij waren de eerste meiden van het project die naar India gingen. Toen we op Schiphol waren, werd ik wakker gemaakt. Gea zette de auto weg en we liepen naar de uitzwaaihal. De ouders en broertjes van Rachita waren er nog om haar uit te zwaaien. Rachita en Loes waren helemaal in tranen, ik was helemaal in mijn eigen wereld en Ineke had helemaal nergens last van. Gea en André, een andere leiding, brachten ons naar India. Gea was heel rustig en toch ook zenuwachtig. Toen Rachita en Loes klaar waren met afscheid nemen gingen we door de douane.

Ik keek de hele tijd om me heen in de hoop dat Manou zou komen en me mee zou nemen. Maar Manou was er natuurlijk niet. Ik zag heel veel negers, ik zag ook heel veel negers die leken op jongens van Manou, maar ik zag niemand die ik kende. Ik had al een heel scenario in mijn hoofd over hoe ik weg zou rennen naar een telefoon, Manou zou bellen en er met hem vandoor zou gaan, maar natuurlijk deed ik het niet. Ik liep gewoon met de rest mee richting de gate waar het vliegtuig stond dat me naar India zou brengen, naar mijn nieuwe start. We liepen de laatste winkels voorbij, de laatste barretjes. We liepen langs de laatste security en toen konden we het vliegtuig zien. We zaten nog even in de hal waar alle mensen wachtten voor je het vliegtuig echt in kon. Ik ging nog naar de wc en hoopte nog steeds dat Manou opeens voor me zou staan en me mee zou nemen. Ik wilde op dat moment zo graag een knuffel van hem, ik had zijn stem nog een keer willen horen voor ik ging. Ik had hem willen vertellen waar ik naartoe ging en op welke datum ik weer terug zou komen, zodat hij me van Schiphol zou kunnen ophalen en me mee zou kunnen nemen naar zijn veilige wereld. Maar dat gebeurde niet, ik kwam van de wc af en liep terug naar het groepje dat al op me stond te wachten om het vliegtuig in te gaan. In het vliegtuig zat ik naast Loes. Ik zat bij het raam. Ik keek naar buiten naar het asfalt. Ik keek naar de mensen die onze koffers in het vliegtuig laadden. Ik keek naar de stewardessen die uitleg gaven over wat te doen in geval van nood. Ik keek naar het grote scherm dat er hing waarop de route te zien was die we gingen vliegen. Ik had een naar gevoel in mijn buik en wou eigenlijk het vliegtuig uitrennen, terug naar Manou, maar ik heb het niet gedaan, ik bleef zitten en stelde me voor hoe het zou zijn als ik wel het vliegtuig was uitgerend.

Ik stelde me voor hoe blij Manou zou zijn om me weer te zien, terwijl hij me in het echt waarschijnlijk had geslagen en weer aan het werk had gezet. Ik bleef uit het raam kijken toen de motoren aan gingen, toen het vliegtuig begon te rijden en toen het opsteeg. Ik dacht aan Manou, aan de manier waarop hij liep, hoe hij rook, hoe hij elke keer zijn ringbaardje netjes bijhield. Hoe hij zijn thee dronk, hoe hij lachte, hoe zijn stem klonk, hoe hij elke keer zei dat je, als je een echte man was, geen kaas kon eten en geen karnemelk mocht drinken en hoe hij de telefoon altijd opnam, dan zei hij: 'Met mij, Manou.' Ik zag de grond onder me verdwijnen, ik zag de auto's kleiner worden en ik zag de wolken op me afkomen. Ik keek nog een keer uit het raam voor ik het land niet meer kon zien, omdat we zo hoog gingen dat we boven de wolken uitkwamen. Ik dacht eraan dat ik Manou achterliet, dat ik hem had verraden en gewoon achterliet. Ik dacht nog aan zijn ogen, hoe lief die konden kijken, hoe mooi ze konden zijn als hij lachte, hoe gemeen en vals ze konden zijn als hij boos was, hoe leeg en gevoelloos ze waren, ik ben nooit verliefd op hem geweest, maar ik ben van hem gaan houden, ik moest wel, anders zou ik het nooit zo lang hebben kunnen volhouden. Er zijn nog veel meer dingen gebeurd in die jaren dat ik bij Manou ben geweest, maar die hou ik voor mezelf. Hoe langer ik in het vliegtuig zat, hoe verder weg Manou voelde. Ik zal je nooit vergeten, Manou Paco Reytha...

Lees nu ook

Ik stond laatst voor een poppenkraam
waarin Maria's moeder háár verhaal vertelt

Lang beseft Lucie niet dat ze leeft in een toneelstuk dat Manou regisseert. Wanneer ze stukje bij beetje ontdekt wat er gaande is met haar dochter, dringt langzaam tot haar door wat haar rol moet zijn. Ze zal met Manou moeten strijden om het vertrouwen van haar dochter, voor het te laat is.

reeds 25.000 exemplaren verkocht

NU IN DE BOEKHANDEL
ISBN 978 90 5515 993 2 / € 14,95